不要小瞧孩子，孩子有自己独特的眼光和敏锐的心。他们看得到更好玩的东西，说得出更生动的话来。

荒原上的红房子 Faxing 2023.2.5 元宵节

太阳只有一个，
所洒下来的阳光是相同的，不同之处在于环境的不同，
阳光给予人的感觉便不同。

观察，必须要经过心里想一下。

看，可以只要眼睛；

观察，则需要眼睛加心。

在读和写之间，读更为重要。
读是第一位的，写属于第二位，也就是说，没有读，便没有写。
这就是人们常说的，书是写作之母。

疫情后开学头一天 Fuxing 2021.8.4

　　所选择的这些文本，一定要注意选择那些短小精悍的。这样读书的好处，一在于有兴趣，能够接受；二在于事物小、文本短，容易吸收。

昭庙一隅 Fuxing 2022.8.23 乐山

不要面面俱到，面面俱到就等于面面不到。什么都写，很容易蜻蜓点水，什么也写不好。

在生活中,它们(自然景物)是我们心灵与情感沉淀和呼应的对应物;在写作时,它们是文本构成的重要一部分。

写好了一人一事，是写作文的基础。以后再来写一人多事，或多人一事，多人多事，才会循序渐进，容易写好。

写作课

上

肖复兴 著

长江出版传媒 长江文艺出版社

图书在版编目（CIP）数据

写作课：全二册 / 肖复兴著. -- 武汉：长江文艺
出版社，2023.6
ISBN 978-7-5702-3011-2

Ⅰ. ①写… Ⅱ. ①肖… Ⅲ. ①作文课－中学－教学参
考资料 Ⅳ. ①G634.343

中国国家版本馆 CIP 数据核字(2023)第 031722 号

写作课
XIEZUO KE

彩图：肖复兴 　　　　　　　　插图：闫　林
责任编辑：李　艳　　　　　　　责任校对：毛季慧
封面设计：柒拾叁号　　　　　　责任印制：邱　莉　胡丽平

出版：长江出版传媒　长江文艺出版社
地址：武汉市雄楚大街268号　　邮编：430070
发行：长江文艺出版社
http://www.cjlap.com
印刷：中印南方印刷有限公司

开本：880毫米×1230毫米　　1/32　印张：11.25　插页：10页
版次：2023年6月第1版　　　　　2023年6月第1次印刷
字数：202千字

定价：64.00元（全二册）

版权所有，盗版必究（举报电话：027—87679308　87679310）
（图书出现印装问题，本社负责调换）

写在前面

这是一本关于写作的书，是专门写给孩子们，或拓宽一些说，是写给初学写作的年轻朋友的。在这本小书中，我将自己几十来学习写作的具体体会，以及关于写作的方方面面，都不遗余力地写了出来。在本书出版前，出版社希望我再写一则序言，我觉得没什么可写的。仔细想了想，便想强调两点，希望能对读者朋友读这本小书时有点儿提示性的帮助，这也算是责编和我共同的并不多余的一点良苦用心吧。

先说强调的这两点。其实，书中已提及，之所以再不厌其烦地说，是我自以为是地觉得，这两点很重要，是学习写作的必备条件。这对于刚刚接触作文的孩子和初学写作的年轻朋友们来说，更加不可或缺。若缺了这两点，日后的写作便先天性，甚至是致命性地"孱弱"，会出现这样那样的麻烦和周折，令人痛苦不堪。孩子也会因此畏惧甚至反感作文，离写作越来越远。如果能够重视这两点，同时有意识地付出一定的努力，写作往往会产生事半功倍的效果，甚至对于语文之外的其他科目的学习，乃至以后的成长，都会产生意想不到的收获。

第一是兴趣。一定要对写作产生兴趣，觉得写作是一件好玩的事情，是一件可以自由表达自己心情、感情或者想法的事情，而不是把写作当作一种负担，一到写作文的时候，就觉得无话可说。如果没有兴趣，学什么都不会长久，不会取得好的成效。

第二是交流。一定要多交流。和孩子进行交流，这是对家长和老师的高标准要求。在孩子最初写作之前和之后的两个关键时期，家长的作用一般要大于老师。家长一定不要忽视自己的责任和作用，而将其全都推诿给老师。

这两点，是相互交融，彼此作用的。孩子的兴趣，需要在和家长、老师的交流中逐渐产生。家长越早介入，老师关注越多，便越有助于孩子尽早产生对于写作的兴趣。

这就要求家长们自己要养成读书的习惯，不必读太多，但一定要读，要认真读，不能像平常用手机看网文或微信朋友圈一样走马观花。另外，要有针对性地选择书目。即对孩子而言，要从孩子的实际出发，顾及孩子的年龄和心理特点，不要以家长自己的好恶为唯一标准，不要走大而无当的空洞老路，不要被时尚宣传、名家推荐、奖项、榜单乱花迷眼。

还要求家长、老师在和孩子交流的时候，不能"一言堂"，要鼓励孩子讲话，而且要多讲。允许孩子提出不同的意见。这样有回合的对话，才叫交流；而不是家长、老师讲完后问孩子一句："明白了吗？"孩子说一句"明白了"，然后便让孩子去写作。除此之外，交流还必须要有过程，不可能如泡面一样一次性完成。只有在如水流般的回环往复中，家长和老师才能寻找到孩子写作的兴奋点，才能一步步帮助孩子找到自己擅长的方面，然后，一触即发，激起浪花。

在这样的交流中，我们一定注意要以表扬为主，要学会发现孩子的优点。哪怕这优点再微不足道，也要夸，要让孩子明白，自己居然还有这样的长处。家长、老师的夸奖，能增加孩子的信心，激发孩子的兴趣。

前些天，我儿子从美国打来电话。他给我读了一篇我孙子写的作文，我以为是用英文写的，结果他告诉我是孙子上中文课时用中文写的。写的是清晨天还没亮等校车的事情，其中有一句："街灯和我一起等校车的到来。"我对小孙子说："这一句写得多好啊！如果只是说'天还没亮，我在街灯下等校车的到来'，就没意思了，就只是一句普通的话，让'街灯和我一起等'，句子一下子就生动起来，街灯被拟人化，变得和同学一样亲切。"这样的表扬是极其必要的，我表扬他了，他就容易听进我说的话。而且,他自己也许还并不清楚他写的句子好在哪里,我指出来了,他就容易明白,并会在以后的写作中有意识地运用。

交流和兴趣,就是这样相辅相成,这样必不可少。

CONTENTS

目 录

第一课 说比写重要

003 \ 一 谁不是先说话后写字呢

008 \ 二 说得先要有意思

013 \ 三 和孩子一起说

018 \ 四 说话作文的训练方法

第二课 看比写重要

027 \ 一 要相信眼睛比笔重要

034 \ 二 看法布尔是怎么观察昆虫的

041 \ 三 观察更需要独到的眼光

047 \ 四 去市场比试我们的眼睛

051 \ 五 切忌用"琳琅满目"这个词

056 \ 六 季羡林是怎么看丝瓜的

CONTENTS

063 \ 七　像汪曾祺一样写观察日记

第三课　读比写重要

073 \ 一　读要从兴趣出发
079 \ 二　读要抓住特点
086 \ 三　熟悉的事物和自己的感情
094 \ 四　模仿式阅读
101 \ 五　读写之间三原则

第四课　抄比写重要

111 \ 一　越早抄书越好
122 \ 二　中学时代抄书是重头戏

127 \ 三 让抄书成为一种习惯

134 \ 四 抄书是写作重要的准备和储备

139 \ 五 好记性不如烂笔头

第五课 改比写重要

149 \ 一 没有文章不需要修改

154 \ 二 修改的加法和减法

157 \ 三 修改中的两点注意

162 \ 四 集中在一人一事上的修改

166 \ 五 念稿子是种修改的好方法

174 \ 六 修改的前提是能够找到问题

179 \ 七 挑战修改名家的文章

第一课

说比写重要

一

谁不是先说话后写字呢

我一直有这样一个观点,也可以说是小小的体会,那就是小孩子最初学习写作的时候,要让他先说——说比写重要。

说得清楚,才能写得清楚;说得生动,才能写得生动;说得不啰嗦,才能写得不啰嗦。明白、生动、干净是写作的基本要素。

过去,我们的语文教学讲究是读写听说。也就是要求从这样四个方面锻炼提高孩子的语文水平,但把"说"放在了最后一位。这种"说",指的是表达能力,并非我讲的"说"的意思,所以,把"说"放在最后,是有其道理的,也是有其局限的,甚至是有些违背小孩子生长过程中的认知规律的。如果能够将我讲的"说"的意思也包括在内,那么,在读写听说这四方面,应该把"说"放在第一位。

之所以要讲"说比写重要",是因为孩子说话,都是先于认字和写字的。这是自然规律,也是成长规律,也应该成为写作规律。

首先，很明显，说比写要容易。让孩子先说，避难就易，避免了孩子的心理负担，不再把作文看得非得那么一本正经、正襟危坐才行，写便会入手快些。

其次，还有重要的一点是，孩子说的时候，必得有大人听，不是孩子一个人写，大人可以不在身边，写作文便成为孩子一个人的单独行为。小孩子最初学习的时候，需要有家长的陪伴，这种陪伴，更多的是可以有交流互动。我们一般更重视亲子阅读中的互动，往往忽略了最初写作时亲子的互动，总觉得读书可以是我读你听，恰恰忽略了写作之前也需要他说你听的重要性。

这样的重要性，有两方面：第一，这样的亲子互动是有时效性的，过了这村就没这店，孩子一长大，便会离你远去，再不会给你这样的机会；第二，这样的互动，以孩子为主，主要是听孩子说，不像阅读中的亲子互动，是以家长为主，主要是听家长读。主动方角色的更易，使孩子成为主角，更容易调动孩子的主观能动性，家长的意见和建议，更直接作用于孩子；不像阅读，读的是别人的东西，隔着一层，间接地起到作用。

所以，在孩子小时候最初学习写作，甚至是年龄再小一点的时候，即在学习写作之前，是极其需要亲子互动的。可以说，这种时候，有家长在身边，和没有家长在身边，只是让孩子一个人苦思冥想地写作文，作用和效果是大不一样的。这是孩子最初学习写作文，最为重要的打基础阶段。

在这种亲子互动中，既有学习写作的基础东西在内，也有情感的因素在内。在这样的双重作用下，学习的效果，当然会比布置一篇作文题目让孩子一个人去写，效果要好很多；孩子会在和家长的交流中，心理放松，兴趣增多，而避免最初写作文时的畏难情绪和枯燥感觉，以及脑子里一片空白无从写起的焦虑。特别是如果孩子说得好了，得到了大人的鼓励和表扬，容易对写作有兴趣，有信心。兴趣，是学习的钥匙；信心，是学习的基础。这是符合教育心理学的。

由于孩子还小，听到他们说出的话，哪怕再简单，再幼稚，再好笑，一般我们都会宽容以待。如果他们说出的话还挺有趣（我们不要小瞧了孩子，正因为他们年龄小，童言无忌，想象力丰富，往往会说出好多有趣的话来，那是我们大人说不出，也想不出的），我们更会情不自禁地由衷地夸奖他们。我们最初给予孩子这样的表扬，会让孩子高兴，乃至投桃报李，连锁反应，说出更多的有趣的话来。童年的记忆，会让他们以后对作文不产生畏难或厌烦的情绪，会觉得作文并不那么难，而且，还挺有意思的呢。这一点，对于孩子尤其重要。我们现在不少孩子对学习，特别是对作文，不仅没兴趣，甚至有种厌学的情绪，这足令我们反思我们的语文教学，特别是作文教学，是不是哪儿出了问题，需要进行必要而迫切的调整。

当年，叶圣陶先生做教育部副部长的时候，曾经提议将中小学的作文改为"说话"。这样的建议，他不是第一次提出，早在1946年，他就在《中学生》杂志上撰文并明确提出："写文章就是说话。"1955年，他撰文再次指出："用笔说话。""用笔说话即写作。""写作就是说话。""要照着话写。""写作决不是丢开了平常说话，另外来一套。"

我以为叶圣陶先生所一再强调"说话"在写作中的作用，甚至提出以"说话"代替"作文"，是很有见地的，是符合孩子学习作文的常识和规律的。可惜，这一颇有见识的提议，并没有得到重视，如今已被人们所遗忘，让不少孩子把写作文当成了苦差事。

我们几乎忘了，谁都是从小孩子慢慢长大的，没有一只青蛙不是从蝌蚪渐渐变过来的。我们都是先从说话开始的；以后，才学会识字；识字多了，逐渐会读书；然后，有了作文课。我们把自己眼睛所看到的、电视里所知道的、心里所想到的，等等，很多想表达的东西，通过文字，写成作文，告诉老师、家长和这个世界。作文，是孩子最初向外人表达自己的想法和情感，与外部世界进行沟通和交流的方式和路径，而不是仅仅为了考试。如今，孩子作文的目的和方法有些错位，甚至颠倒。作文，不再是从孩子本身的需要出发，而只是为了考试升学的功利需要出发。

作文课，一般会在小学三四年级出现，它的出现，和我们孩子的成长同步，是随着年龄的增长，一步步走来的，并非横空出世一般，突然降临在孩子的面前。说话，就是作文课迈出的第一步。如今，我们怎么一下子就习以为常而且理所当然地迈过了"说"这个第一环节，直接要求孩子去写好作文呢？我们过于重视文字、轻视说话，在孩子作文学习中，自然就忽略我们自身的成长过程和经验，便也就很容易忽略乃至违背孩子的成长规律和作文的学习规律。

二

说得先要有意思

孩子说的话,有时候是很有意思的。

举个例子。一次去天坛,是秋天,风很大,吹得树上的叶子纷纷落了下来。一个小男孩从后面跑过来,追上他的妈妈,冲着他妈妈喊:"刚才树下雨了!"我当时听了心里一动,他说得多好,多生动啊!树怎么会下雨呢?但是,树上的叶子被风吹下来,就像下了雨一样。我看那孩子的样子,也就三四岁,他还不懂得拟人或比喻的修辞方法,但说"树下雨了"这句话,却是最接近天籁的语言,很多大人写不出来,起码,我写不出来。如果告诉他,这就是写作,就是作文,他会不会很高兴?哦,原来这就是作文呀,挺简单的,写作文并不难啊。他会不会就对写作文产生了兴趣呢?

还有一次,也是在天坛,我正在斋宫里画画,一帮孩子围着看。忽然,听到一个大人的声音,是位母亲在叫她的孩子:快来

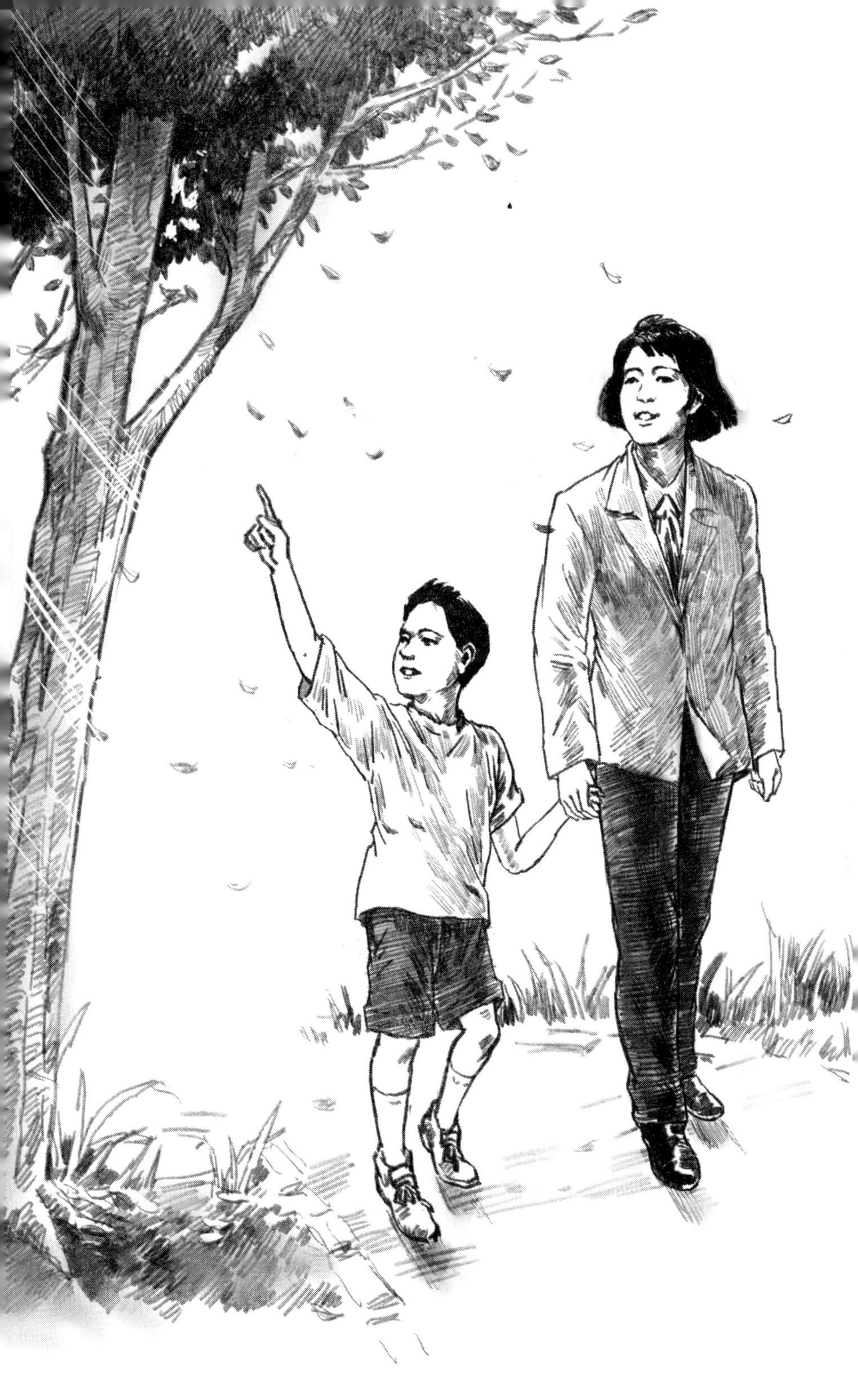

看看爷爷画画。一个小男孩一阵风似的跑了过来,瞟了几眼我的画,问我:你是美术学院毕业的吗?我说不是。我问他:你看我画得怎么样?他看了我一眼,没有回答,却对我说:我妈妈就是美术老师。我说:你跟你妈学,一定画得不错喽!他一撇嘴,说:我不喜欢画画。然后,转身冲他妈妈喊道:你们俩PK一下!他妈妈和我都笑了。他不理会我们的笑,接着说:你们俩画,我用手机拍段视频,发到朋友圈里!惹得大家都笑起来,他转身跑走了。

我问了他妈妈之后,知道他是个刚上三年级的孩子。他说的话多有意思呀,充满孩子气,又很生活化,很形象化,体现了他天真活泼的个性。如果我告诉他,你刚才讲的这些话写成文字,不就是作文中很好的一个片段吗?他会相信吗?会不会由此对作文产生一点儿兴趣?

还有一次,在海上坐轮船,晚上,一个刚刚上小学二年级的小男孩写日记,忽然,小男孩抬起头对他的爸爸说:我想这么写,轮船摇摇摆摆的,把我晃入了梦乡。是不是好些?他爸爸表扬了他:当然好了,比你刚才说在船上,我很快就进入了梦乡,要生动多了!没错,小孩子这样说,确实很生动,尤其是他说"晃入"梦乡,而不是说"进入"梦乡,"晃"字,说得多好啊,是他自己在船上的亲身感受,是他动了脑子后的表达。

可能会有人说,这样的例子,只能说是有意思,但有什么意义呢？我们的作文，是要有主题的呀，老师要求的是要写有意义的事情呀！

　　这话说得当然没错。但是，对于最初学习作文的孩子而言，先说有意思的，写有意思的，比强调有意义的更重要些。如果一开始就要求孩子着眼于有意义的，会让孩子把有意义看得过重，心里和笔下容易有负担，容易把生活中很多有意思的特别是充满童趣的事物忽略掉，这是非常可惜的。这样对作文的要求，容易使孩子形成惯性的思维，日后是很难纠正过来的。

　　其实，有意思和有意义并不矛盾，很多有意义的事情，都存在于有意思的事情当中呢。我们干吗要那么绝对呢？此外，对于孩子而言，那些有意思的事情，他们感兴趣，很容易看到，想到，捕捉到。那么，为什么不先让他们从这里下笊篱，捞上来一些鲜活的事物，哪怕只是几只小蝌蚪呢？干吗非要要求他们一网必须捞上来普希金写过的那条有意义的金鱼不可呢？先从他们的兴趣出发，让他们发现生活中那些有意思的事物，由此，再向有意义的方向进发，是不是更容易些，也让孩子们更方便接受些，同时也符合作文的规律呢？

　　和孩子们交流的时候，首先要注意孩子说的那些有意思的话。不要担心只是简单的一句，只要是有意思的，就足以成为写作的第一步，即使再漂亮的作文，也得是由一个个的句子组成，更何况泰戈尔的《飞鸟集》《吉檀迦利》，冰心的《繁星》《春水》

里的那些小诗，不都是一个个单独的句子吗？

　　我们在鼓励他们的同时，最好再告诉他们，为什么这句话有意思，然后，让他们自己以后有意识地注意这些有意思的话。这样有意思的话，包括自己说的，也包括别人说的。就像走的人多，便成了路；有意思的话多了，也就成了作文，而且是有意思的作文。

> **▶推荐阅读**
>
> ☆【俄】普希金《渔夫和金鱼》　　☆ 冰心《繁星》《春水》
>
> ☆【印】泰戈尔《飞鸟集》《吉檀迦利》

三

和孩子一起说

记得我的孩子小的时候，六岁多一点儿，还没有上学，认字不多。有一次，带他到动物园玩，玩完回家，我问他：动物园里的动物，你最喜欢哪一个？他说喜欢大象，喜欢长颈鹿……一口气说出好多。

我又问他：你能不能从这些动物里挑出一两个，用一两句话，形容形容它们是怎么好玩？

他有些为难。我接着对他说：没关系，你怎么想就怎么说，随便说，好玩就行！

他想了想，说了两种动物。

一种是北极熊：我知道你为什么这么白，是北极的冰雪把你染白的。

一种是大象：你长长的鼻子，像公园里的滑梯！

说得并不十分精彩，却是他自己想出来的，他的这些想法，和他的生活相关。如果没有见过公园里像大象鼻子一样的滑梯，如果白熊不叫北极熊，他就想不出来北极的冰雪，也就想不出这样的句子。

我表扬了他，对他说：你刚才说的，就是作文。以后，你上学了，有了作文课，这么说，就这么写！

他睁大了眼睛，有些不信。

可是，这确实就是作文。我们最早出现的口头文学，比如我国的《诗经》和很多民间传说，不就是先说出来，然后口口相传，再被人用文字整理出来的吗？

小孩子的这种说话，首先，需要家长重视，他们说的很多有意思的话，我们说不出来；说不出来，就很难写出来。我们做家长的，轻视了这样有意思的话，孩子也就更容易轻视；我们重视了，孩子自然也会跟着重视。孩子是很能看大人的眼色行事的。这是孩子的心理学，用在作文最初的练习中最适用。

再一点，家长要有意识地和孩子交流。语言的交流，其实就是感情的交流，而作文，从本质而言，就像罗丹曾经说过的，艺术就是感情——我们也可以这样说：作文就是感情。这种感情，包括孩子对生活中所喜爱的事物的感情，再加上我们家长对孩子的感情，会让这样的交流如水一样循环贯通，效果加倍。

可以设想，如果我和孩子逛完动物园，只是高高兴兴地玩了一趟，回家后没有交流，孩子自己是不会那么主动地想起北极熊是北极的冰雪染白的,大象的鼻子像滑梯的。那么,也就只是一次玩,没有了这样的收获。

如果交流之后,没有得到表扬,便像一次机械的作业,孩子的心里就不会得到鼓励,对这种交流的获得感就会减弱。所以,在孩子最初的学习阶段,家长和孩子的交流,因融入了感情特别是亲情,便显得格外重要,不可或缺。如果说学习对于孩子是必须进行的一种教育,那么,一切教育,说到底都是情感教育。

除感情交流外,还可以锻炼孩子们的语言表达能力,启发、挖掘他们的潜能,这对于以后真正写作文,同样会很有帮助。更重要的是,帮助孩子从小对周围的事物和人,关心、观察、感受、发现,锻炼他们敏感和善感的心。不要小瞧孩子,孩子有自己独特的眼光和敏锐的心。他们看得到更好玩的东西,说得出更生动的话来。在孩子成长的特殊阶段,我们要钟爱并保护孩子这样哪怕是再细小再幼稚的发现,并让他们知道怎么表达。这对于以后的作文,无疑是最本真最纯粹最结实的准备。

我的孩子上小学二年级的时候,在我家对面的街心公园里看到一棵紫色的野生植物从土里冒出来,长的样子很好玩。他非常感兴趣,就挖了出来,拿回家,种在花盆里。

我问他:这是什么玩意儿呀?丑了吧唧的!

他反问我:您不知道它叫什么名字吗?

我摇摇头。他带有点儿讽刺的口吻对我说:您再好好看看,您不是学问挺大的嘛,怎么还不认识它?

我真没见过这玩意儿,只好老老实实地对他说:我还真不认识。

他一脸坏笑地说:您不认识,我认识,我告诉您吧,它叫紫罗兰!

我有些疑惑,和以前见过的紫罗兰不一样啊?

他看出了我的疑惑,对我说:您不信?

我说:不是我不信,是和我见过的紫罗兰的样子,差别太大了!

他笑我:人家紫罗兰的品种多了去啦,就您见过的一个品种呀?

于是,全家人都管它叫紫罗兰。他每天放学回家先来看它,给它浇水,还施肥,小心伺候,一门心思等它开花。

最终,它也没有开出一朵花来。但是,关于它,我和孩子的对话,不是很好的作文吗?孩子对大自然有这样的好奇心,心里想的,嘴里说的,才会这样充满孩子气的天真诡谲。换成我们大人,行吗?所以,孩子说的话,有时候真的很有意思,不仅会很有意思,而且,洋溢着孩子才有的性情和性格色彩;在和他人的对话中,因有了交流和碰撞,更能闪烁出火花来。如果我们告诉孩子,你说的这些话,非常有意思,很生动,写在作文本上,就是很好的作文,他们会不会眨巴眨巴眼睛,对即将出现的作文课充满一份期待,而不是畏难,甚至是抵触或反感?

可以毫不夸张地讲,说是写的前奏。尤其是在孩子最初写作文的时候,说,确实非常重要,是写之前不可或缺的一环。作文教学的链条,应该环环衔接,不应该缺少这样一个环节。

在孩子这样说的练习环节中,我觉得主体责任体现在家长身上,因为这时候,孩子还没有上学,即便上了学,一个语文老师要教那么多学生,不可能如千手观音一样照顾得过来。因此,家长要有足够的重视,必须有意识地抽出足够的时间参与其中,和孩子一起说。在这样说的过程中,加强和孩子的互动、交流。在这样的互动、交流中,鼓励孩子,并和孩子一起发现生活中有趣的事物。这对于孩子最初的作文学习,是一种最好的基础准备和能量储备。而且,在这过程中,家长会体验一种别样的快乐,弥补自己小时候的一些遗憾。

家长不妨用这种方法试一试,看看是否让孩子感到写作文并不难,而多少有了些兴趣。如果再把孩子这些生动有趣的话,用笔记录下来,不仅对孩子写作有益,还是孩子的成长的记录,日后会让他们对当年如此丰富的亲情互动,拥有一种美好的回忆。

四

说话作文的训练方法

和孩子一起说，在孩子识字不多的时候进行，会益处多多；在孩子大了些之后，甚至有了作文课之后，还能坚持进行这样的练习，依然对写好作文有帮助，而且，往往会有意想不到的作用和效果。亲子交流中的说话，如水流相激，时不时会激出很多朵漂亮的雪浪花。当然，孩子大些时候的说话，要比小时候的说话复杂很多，不仅是一句或几句话，可以是一个片段，甚至是一篇完整的作文。如果有这样的效果，那都是从小孩子和家长说话所积累下的能量。

在这里，需要老师和家长费一定的工夫和心血，要和孩子有你来我往多个回合的交流，不可能一蹴而就。孩子是不会自己意识到，然后主动做这样的练习的。因此，我们要想帮助孩子从小喜欢作文，写好作文，必须要将传统的作文课教学进行必要的改良，不能只是像考试一样，布置一个题目，让孩子冥思苦想，或瞎编乱想，或照着作文辅导练习的书东抄西抄，然后闷头去写。

我们还是要将"说"放在写的前面，让孩子先说，听完了他们说之后，了解了他们的想法，也知道了他们对这篇作文准备好的地方和准备不足的地方，可以有的放矢地帮助他们调整，而不是着急忙慌地先让他们写，写完了，生就的骨头长就的肉了，再让他们改，他们一般没有那么大的耐心。磨刀不误砍柴工。让孩子先说一下，是必要的，是有益处的，对于具体怎样写作文，可以有一对一针对性的帮助。

我当老师的时候，不仅在中小学，即使教大学写作课的时候，也是坚持先不让学生急于去写，而是让他们先说，每一个同学都说说自己想怎么写这篇作文，然后和他们交流，提出具体的意见之后（在大学，还可以让同学之间相互提出意见后讨论），再下笔去写。当然，受时间和课程的限制，不可能每一篇作文都这样做，但是，第一次作文，我是这样要求自己，也是这样要求学生的。要拿出一节课或两节课的时间，让学生分别先说说自己的想法。这样虽然耽误了一些时间，但大家都说了自己的打算，都听到了别人的想法，也听了我的建议，彼此都会受益，对于以后的作文，那些认真而聪明的学生，自然就明白、知道了一些门道，再下笔的时候就会多少都有了些进步，耽误的时间是值得的。

对于最初学习写作文的小孩子，这样的说话式的作文——我称之为说话作文——更是必要的。经过这样说话作文练习的，写起作文来，会入手快，而且写得会好一些。

我曾经进行过这样的小小的试验，算作这样说话作文的一种小小的方法吧。

比如面对暴风雨中摇摇摆摆的大树，我问孩子，这样的景象，你都看见过，如果要你描写这样的场景，你怎么写？

有孩子想想后说：大树像喝醉了的醉汉，浑身乱颤，站都站不稳了。

有孩子这样说：大树被风惹得发了怒，东摇西摆，张牙舞爪要和风拼命。

有孩子这样说：风吹乱了大树一头的长发。

有孩子这样说：大树的树枝像鞭子，在狠狠地抽打着风。

……

他们都说得非常好，醉汉，发怒，吹乱的头发，鞭子抽打风。他们赋予了风中大树新的形象，这些形象，是生动的，有不同性格的，是他们各自的观察、发现和想象。作文不就是这样的吗？不就是要在日常生活中，锻炼观察的能力、发现的本事，和想象这样修辞方法的运用吗？你有了属于自己独特的观察和新鲜的发现，然后再能用自己的语言方式告诉别人，和别人分享，不正是作文应有的本意吗？

分析完大家的说话之后，孩子们要求我也说一句，很想听听我说的大风中的树是什么样子的。我知道，这是要和我PK一下呢。孩子都有争强好胜的比试心理，特别是愿意和大人比试比试。

我说了这样一句：

> 闪电照亮一块黑云，黑云翻滚着，绞扭着，像一个暴怒的人正在憋着一腔怒火。闪电照亮一棵小柳树，张牙舞爪，像一个妖怪。

他们连连点头，说"妖怪"这个比喻不错，刚才自己怎么没想到呢！

我告诉他们：这不是我说的，是作家汪曾祺老先生说的。

我对他们又说：暴风雨中大树的树枝，像大鸟的翅膀翻飞，痛苦地挣扎着，想飞又飞不起来。

他们说这个更好，让他们又多了一个"大鸟的翅膀"的比喻。

我告诉他们：这句话也不是我说的，是诗人于坚说的，我只是改动了一下。原话是这样的：

> 风稍微一吹，树枝就大鸟似的挣扎着做出展翅欲飞状。

看，这样说话作文的练习，是不是很有点儿意思？

在这样说话作文的练习中，孩子们有本真的表达，有不服气的争论，还有相互的争论、彼此的启发。作文不仅仅是为了应付考试，还可以表达自己的情感，抒发自己对小到琐碎的生活、大到整个世界的看法。这不是很有意思的事情吗？不是这种年龄的孩子应有的指点江山挥斥方遒的样子吗？

还有一次，同样用这种方法，我指着黄昏时分烧红西天的一片晚霞，对孩子们说：我上中学的时候，写这样景色的时候，特别爱说晚霞似锦，晚霞如火。这都是现成的词，谁都可以用这样的词形容黄昏时的景色。你们要写的话，怎么写？

有孩子说：晚霞今天有点儿喝高了，醉红了脸膛。

有孩子说：晚霞今天一定是干了什么坏事，羞红了自己的脸庞。

有孩子说：晚霞今天得了什么喜帖子了？可能是老师表扬了它，看它放学回家高兴的劲儿，憋不住涨红了半边天呢！

……

说得多好啊！他们用的都是同一种方法，即拟人，但他们用得恰如其分，表达了各自的想法。可以看出，这是大家你一言我一语彼此启发的结果（如果是一个人说，就不会有这样的结果和效果了）。一个说晚霞是喝醉酒，一个说晚霞是羞红的，一个说晚霞是高兴涨红的，面对的是同一个晚霞，为什么会出现了不同的想象结果？这说明了语言的魅力。能够将眼前的景象，熟悉的生活，自己的心情，用漂亮的语言表达出来，让自己高兴，也让别人眼前一亮，是多么开心的事情。这是只有作文才能给予我们的独特收获和享受。

还有一次,看到风中的树叶轻轻地摇曳,远处有一株月季,在树叶间闪亮。我指着这一景象,对孩子们说:你们看呀,树叶是绿色的,月季是红色的,树叶那么一大片,月季那么一小点儿,风吹得树叶摇摆,我们一会儿看得见月季,一会儿又看不见。如果让你们来写,你们怎么写?说说看!

有孩子说:树叶摇动中的那株月季,像是一只红色的眼睛不停在眨动。

有孩子说:树叶在风中抖动,月季也跟着一起来回在动。

有孩子说:红色的月季,像是浮动在绿色湖水中的一只小红船。

有孩子说:树叶遮挡的远处的月季,一闪一闪的,像和我们捉迷藏。

……

真的,他们说得都非常好,他们仔细观察了,有自己的发现,调动了他们以前读过的书中相关描写的句式,迅速在自己的脑子重新组合,然后蹦出了各自的句子。这样的实地说话作文练习,有些像绘画里的写生,现场感所激发出的平常学习的积累和想象力、反应力,会帮助孩子们摆脱一些命题式考试作文的单调和枯燥,感受到作文所能够带来的快乐与收获。

这样的说话作文练习,最好不要设在教室里,要带孩子到户外,在实地,不要虚拟,不要凭空想象。这样有现场感,孩子们会兴奋,愿意参与,你一言我一语,不会那么拘束,避免课堂程式化的师生之间的问答。

这样的说话作文练习,最好有一个具体的目标或题目,是孩子们亲眼看到的,或非常熟悉的、生活中常见到的,先不要说那些遥远的、未曾见到的、不着边际的,这样,他们便有话可说。

这样的说话作文练习,参与的人越多越好,不仅可以集思广益,而且孩子都争强好胜,容易彼此激发出新的火花。把传统作文的一个人在本子上的单打独斗,变成了集体作业,相互启发,彼此激励,共同受益。

▶ 推荐阅读

☆ 汪曾祺《昙花、鹤和鬼火》　　☆ 于坚《大地深处》

第二课

看比写重要

一

要相信眼睛比笔重要

看，就是观察。想要写好作文，一定先不要着急下笔去写，下笔之前，首先要做的功课，是锻炼出一双会看周围事物的眼睛。我一直认为，这时候眼睛比笔重要，看比写重要。或者说，不会看，便不会写，即便写也容易写得一般化，是从作文选中东抄西抄来别人早就写过的陈词滥调。

学会观察生活，锻炼自己这方面的眼力，是衡量一个孩子能不能够写好作文，甚至是有没有写作潜力的标准。因此，我是不大赞成作文教学一开始就是老师布置题目，然后让孩子去写这样的方法。这样去写，孩子怎么写？写什么？孩子们往往会是一头雾水，然后勉强地写几句空洞的话了事，作文就很难写好。

早年，对于青少年写作，叶圣陶先生强调写作之前要有准备，他指出："在实际生活里养成精密观察跟仔细认识的习惯，是一种准备工夫。"他说，这种习惯"如果养成了，对于写文章大有用处了"。

因此，必须要让孩子先看，看看周围生活中的人和事到底是什么样子，是不是有意思，哪里有意思，怎么有意思法儿；而不是拿到一个作文题目先去凭空瞎想，瞎编一通。对于写作文，叶圣陶先生说的这样的准备，是必不可少的。要先去看，看得再简单，都没有关系，只要去看了，就比瞎想有用，就会有收获。然后，再慢慢地学会观察，学会"精密观察"。从简单的看，到精密的观察，是孩子看待（亦即叶圣陶先生说的"认识"）周围事物与人物的一个飞跃，甚至是一个质变。这样质变的一个衡量标准，便是叶圣陶先生所说的，养成了习惯，自然就会"对于写文章大有用处了"。

当然，这需要有一个过程，一步步走。

我的孩子四岁多的时候，我带他爬泰山，登到泰山顶，住了一夜，为了第二天早晨看日出。孩子很兴奋，跃跃欲试。我对他说，等太阳出来的时候，你要仔细看，然后告诉我你看到的太阳是怎么出来的好吗？太阳出来了，他瞪大眼睛，不错眼珠儿地看，跟着大家一起欢呼。我问他：你说说，刚才你看到是什么样子的？他说：我看见太阳好像是蹦出来的，刚从云彩里冒出头，一下子就蹦得老高！我夸他说得好，尤其是说的那个"蹦"字，很形象，虽然这个字他还不会写，却是他自己眼睛看到的，比我们一般常说的"太阳冉冉升起"要好很多。因为"冉冉升起"，是现成的词，别人的词；"蹦"是看到后想到的词，是自己的词。

同时，看和观察，也不是都需要到别处去，到别人的地方去，到远的地方去。自己身边更需要好好地看，仔细地看。只是可能平常的时候，由于司空见惯，容易视而不见，或见而无感，眼睛没怎么用在这样的地方。现在，我们要注意了，要特别使用一下我们的眼睛了。看看有没有值得我们注意的、有意思的事情。老师出的作文题目，一定要顾及孩子的周围，注意孩子的兴趣和接受的程度，并有意识地引导，帮助孩子去看，去观察，让看和作文有着密切的联系，而不能写是写，和看到的没有任何关联。

我的孩子上小学三年级的时候，老师布置了一个写作的片段练习，要求用几句话写冬天怎么个冷法。这个题目出得好，因为正是数九寒冬，孩子对冷有切身的体验，写起来并不会困难。而且，还有更重要的好处，便是看看孩子是否留心过自己身边的事物，有没有仔细地观察，也就是写的和看的有没有联系。

放学回家先写作业，孩子很快就写完了，就要跑出去玩。我叫住了他，让他把作业拿给我看看。看了这个片段练习，我问他：老师让你写冬天的冷，你觉得你写出来了吗？

他说：写出来了呀！

我说：我看你没写出来。

他不服气地说：怎么没写出来？朔风呼啸，还不叫冷？滴水成冰，还不叫冷？哈气成霜，还不叫冷？

我说：是冷，但那是字典里的冷，是别人眼睛里的冷，不是你自己看到的、体会到的冷呀！

他不说话了。

我对他说：我给你提个建议，现在正是下班的时候，你到楼下前面的公交车站，去好好看看到底是怎么个冷法，回来咱们再说怎么样？

他跑下楼，不一会儿就回来了。我问他：怎么样？看见怎么个冷法了吗？

他说：我先看到车站的站台，有人蹦上蹦下地在那儿跺脚搓手。

我说：这是个冷法，有具体的动作了。还看见什么了？

他又说：还看见有个骑自行车的人，帽子被风吹跑了，他停下车，跑去追帽子，帽子还没追到，自行车又被风给吹倒了。

我说：这风够大的，但你没说朔风呼啸，而是看见了帽子和自行车，让它们替大风做了形象的说明。好，不错！你还看见什么了？

他说：公共汽车进站了，下面的人拥向车门，车门刚一打开，人还没下车呢，先扑出了一股白气！

我说：你看得多好啊，比你写的哈气成霜要好，要形象吧？

他修改了这个片段练习，改得不错，我表扬了他。

我上小学四年级的时候，开始有了作文课。第一次作文课，老师没有先让我们下笔去写，而是带领我们全班同学去儿童电影院看了电影《上甘岭》。看电影的目的，是让我们写作文。老师是这样要求我们的："你们怎么看的，怎么想的，就怎么写；觉得什么有意思，什么最感兴趣，就写什么。作文的题目，你们可以自己取，叫什么题目都行，就是要写看这场电影。"

当时，儿童电影院刚刚改建好，这是北京的第一个也是当时唯一的一个儿童电影院。我是第一次去，感到很新鲜。我的座位是在楼上，由于在楼下的小卖部花五分钱买了一支小豆冰棍，吃完后才跑上楼，耽误了时间，电影即将开始的预备铃已经响了，灯光一下子暗了下来。我看见一排排座位由低而高，像布在梯田上的小苗苗。特别让我感到新鲜的是，每一排座椅下面，都安着一盏小灯，散发着柔和而有些幽暗的光，可以使迟到的小观众不必担心找不到座位。那一排排小灯，我格外感兴趣，觉得特别新鲜，以至看电影时总是走神，忍不住低头看那一排排灯光，好像那里闪闪烁烁藏着什么秘密或什么好玩的东西。

那次作文，我把我所看到的这一切都写了，当然，我没有忘了写那一排排我认为最有意思最新鲜的灯光。第二周作文课讲评时，老师向全班同学朗读了我的这篇作文。他着重表扬了我写的那一排排灯光，说我观察得仔细，写得有趣。他用浓重的外地口音，念着我写的作文，作文里的一切听起来都那么亲切。童年的一颗幼稚好奇的心，让我第一次对作文产生了浓厚的兴趣。

那次已经过去了六十多年的作文课,我至今记忆犹新。我觉得这位语文老师的做法非常好,不是因为我得到了他的表扬才这样说,确实是他的做法适合孩子的特点,容易让孩子接受。在作文前,先看电影;在看电影前,先提要求;这样,让观察有了集中的目标,而不是仅仅看电影的精彩内容。

我的孩子刚刚上小学的时候,去公园玩,我对他说:你能不能在这个公园里找到五种不同的叶子?他跑走了,不一会儿,跑回来,手里拿着五种树叶:杨树叶、银杏树叶、柳树叶、槐树叶和松针。

我问他:你说说,这五种树叶怎么个不一样?

他说:杨树叶是圆的,银杏叶是小扇子,柳树叶是长的,槐树叶是对半长的,松树叶像针。

我说:你说得很好,你能不能再说说,这些叶子都像什么?你刚才说银杏叶像小扇子,松树叶像针,就非常好,另外三种呢?

他说:杨树叶像巴掌,柳树叶像眉毛,槐树叶像……

他一时想不出来了。

我说:像不像含羞草的叶子?

他说:有点儿像!

这便是最初的看,观察能力就是这样一步步锻炼的。尽管这五种树叶并不难找,他所说的树叶像什么,也都是最平常大家都会说的比喻，但毕竟是第一次观察，自己动了眼睛，动了心的，和从书本上看到的效果是不一样的。孩子从此有了兴趣，以至每一次到公园去都去寻找不同形状的树叶，有一次到北海植物园，他看到一种他从来没有见过的树叶，偷偷地摘下一片，怕人家发现，赶紧跑了出来。回家后他查《少年百科词典》，知道它叫人心果叶，是做口香糖的重要原料，很是兴奋。每次我出差的时候，问他想让我给他带回什么礼物，他想都不想，立刻说：树叶！小学那几年，他做了好几本树叶标本，把他收集的树叶贴在本子上面，又从《少年百科词典》里找出它们的科目，写在树叶标本的旁边。

观察，不仅能够锻炼孩子的眼睛，还能激发孩子学习的兴趣。

二

看法布尔是怎么观察昆虫的

学习观察的最佳范本,莫过于法布尔的《昆虫记》。书中所展现出法布尔观察的对象、观察的方法,非常适合孩子学习。

法布尔曾经说过这样的话:"当我面对池塘,凝视它的时候,我可从来都不觉得厌倦。在这个绿色的小小世界里,不知道会有多少忙碌的小生命生生不息。"

法布尔确实对这些"忙碌的小生命"情有独钟,如此,才会有观察的动力。这是很重要的一点,也就是观察首先选择的对象,是你所感兴趣的,富有情感的,这样,你才会觉得好玩,能够耐下心来去观察,不觉得厌倦。

法布尔所关心的这些"忙碌的小生命",也正是孩子们所喜欢、所关心的,愿意去看、去观察的。对比成人世界,孩子是弱小的,才会对这些比他们还要弱小的小生命给予关心。我常常在公园里看见有孩子蹲在地上看蚂蚁搬家,一看看老半天,像看一场精彩的大戏。甚至在下雨天，还看见有小孩子打着伞，为蚂蚁挡雨。雨后的小区里，我也看见孩子蹲在地上看蚯蚓爬，捉趴在树上的蜗牛。夏天的夜晚，如果能看到墙上趴着的壁虎在伺机捉虫，就更会让孩子看不够了。

如今，城里很难看到萤火虫了。我小时候，夏天院子里还有萤火虫飞，我们会捉几只，放进玻璃瓶里，当手电筒，绕着大影壁疯跑。前几年去美国，看见湖边或草地上有萤火虫起起落落，孩子们像我小时候一样，追着萤火虫疯跑，然后把它们捉进玻璃瓶里，看它们在瓶子里面发亮。所有的小孩子，不分国界，不管什么时代，都一样地对昆虫这些"忙碌的小生命"感兴趣。

因此，学习法布尔如何观察这些小昆虫，最适合孩子，对于孩子观察能力的锻炼，具有看得见摸得着的实际功效。孩子们完全可以照葫芦画瓢，也用同样的方法去观察昆虫，然后把所观察到的情况写下来，这便是比课堂上的命题作文要生动的作文实践。这是把玩变成学习的最好也是最有效的路径。

我选择了萤火虫、螳螂、蝉（连带蚂蚁）这样几种昆虫，看看法布尔是怎样观察的，我们从中可以学习到什么样的方法。

先看萤火虫：

> 萤火虫发出的光呈白色，很柔和，这光虽然很亮，却不具有较强的照射能力。在黑暗处，我用一只萤火虫在一行印

刷文字上移动,可以清楚地看出一个个字母,甚至可以看出一个不太长的词儿来,但是,在这小小的范围之外的一些东西,就看不见了,因此,夜晚以萤火虫为灯看书,那是不可能的。

看,法布尔观察得多么仔细,他先看到萤火虫的光,是白色的,柔和的;接着,他发现这样的光,虽然亮,却照不远。它的光究竟能照多远呢?于是,他才会继续往下观察。

如果我们只是看到萤火虫的光挺亮的,然后浅尝辄止,观察到此结束,那么,我们只能写到这里结束了。法布尔没有满足这一点,他开始捉一只萤火虫做试验,看看它的光到底能照多远。下面用萤火虫照书上的字的试验,便是这种观察的第二步,他才发现,萤火虫的光照不了多远。最后,他得出了结论:"夜晚以萤火虫为灯看书,那是不可能的。"三段式的写作,有初步的观察,观察的深入和最后总结,让这一段文字清爽干净。孩子们不仅觉得好玩,还能够从中学到观察和写作的方法。

看螳螂:

螳螂把它的翅膀极度张开,它的翅膀竖了起来,并且直立得好像帆船一样。翅膀竖在它的后背上,螳螂将身体的上端弯曲起来,样子很像一根弯曲着手柄的拐杖,并且不时地上下起落着。

法布尔观察螳螂,主要观察它的翅膀,当它受到攻击的时候,翅膀立刻竖立起来,而它的身体上端却是弯曲的,而且身体在不时地上下起落。看,法布尔观察得多仔细,而且层次分明。他是从这样两个着眼点来观察的:翅膀和身体。然后,从这样三个层次观察到:翅膀竖立—身体弯曲—身体不时颤动。写作的方法,用的是两个比喻:一个翅膀直立像帆船,一个身体弯曲像拐杖。

这样分析是想要说明,观察应如何入手,如何仔细。法布尔提供了具体可行的方法,并不难,只要我们能够认真去做。比如观察蜗牛,首先确定观察的着眼点,是蜗牛的壳,还是蜗牛的触角。如果是触角的话,它开始是什么样子的?哦,是窝在壳里;后来出来是什么样子的?哦,头试探着伸出,触须来回颤动;再然后是什么样子,是往树上爬呢,是不动,还是掉在地上?如果是往树上爬,是什么样子呢?如果我们这样仔细观察过,要写成作文了,就可以学习法布尔的方法,用比喻,我们可以说,蜗牛的头缩在壳里的时候,好像还没有睡醒;蜗牛探出头来,两根触角像两根天线;蜗牛往树上爬,爬得那么慢,简直比寓言《龟兔赛跑》里的乌龟爬得还慢。

这样来学习法布尔,是不是很快就可以学到一些东西?可以把作文写得很生动?

再看蝉:

七月时节,当我们这里的昆虫,为口渴所苦,失望地在已经枯萎的花上,跑来跑去寻找饮料时,蝉则依然很舒服,不觉得痛苦。用它突出的嘴——一个精巧的吸管,尖利如锥子,收藏在胸部——刺穿饮之不竭的圆桶。它坐在树的枝头,不停地唱歌,只要钻通柔滑的树皮,里面有的是汁液,吸管插进桶孔,它就可饮个饱了。

如果稍微等一下,我们也许就可以看到它遭受到意外的烦恼。因为邻近很多口渴的昆虫,立刻发现了蝉的井里流出的浆汁,跑去舔食。

这些昆虫大都是黄蜂、苍蝇、蛆蚴、玫瑰虫等,而最多的是蚂蚁。身材小的蚂蚁,想要到达这个井边,就偷偷从蝉的身底爬过,而主人却很大方地抬起身子,让它们过去。大的昆虫,抢到一口,就赶紧跑开,走到邻近的枝头,当它再转回头来时,胆子比从前更大了,它忽然就成了强盗,想把蝉从底下赶走。

最坏的罪犯,要数蚂蚁了。我曾见过它们咬紧蝉的腿尖,拖住它的翅膀,爬上它的后背,甚至有一次,一个凶悍的强徒竟当着我的面，抓住蝉的吸管，想把它拉掉。最后麻烦越来越多，无可奈何，这个歌唱家不得已抛开自己所做的井，悄然逃走了。

　　这一段，主要是写蝉饮水。法布尔写了他观察蝉怎么饮水，以及蚂蚁怎么样抢蝉饮的水喝。我们会发现，这一次，法布尔不是单独写蝉，而是拉进了另外的虫子，主要是蚂蚁。这不是法布尔主观意图所为，而确实是他看到的。当然，看到了，也会被我们忽略掉。因此，我们要学习法布尔的观察，他觉得单纯的蝉饮水，不是最主要的观察内容，而其他虫子抢水喝，才是夏季重要的场景。他一开头就说了："我们这里的昆虫，为口渴所苦，失望地在已经枯萎的花上，跑来跑去寻找饮料。"因此，蝉之外，必然有别的虫子出场，不会让蝉独自畅饮。法布尔的观察，没有只是把眼光投射在蝉的身上，而是连带了当时的环境。

　　这是我们需要格外注意的。比如前面我们所观察的蜗牛，如果我们也连带当时的环境，应该是雨后，树木还是湿漉漉的，树叶甚至还会往下滴落水珠；也应该不只是一只蜗牛，同一棵树上爬着好多只蜗牛，它们如果都探出头来，都往树上面爬，会是一种什么情景？哪只蜗牛爬得快？像不像在比赛？那样的话，我们的作文会不会又有了新的内容和新的写法呢？

　　如同法布尔看蝉的时候，将蚂蚁纳入他的视野，我们看蜗牛的时候，将别的蜗牛也纳入我们的视野。多了蚂蚁和别的蜗牛，蝉和蜗牛就不再唱独角戏了，自然就会热闹起来，写起来也就好写了，笔下的词儿，自然就会多了起来。

法布尔的这三个例子，特别适合我们学习。他可以观察一只萤火虫、一只螳螂、一只蝉和一群蚂蚁，我们也可以观察别的一只什么虫子，一种什么小动物，一朵什么花之类。大自然中的一切，都是生动可爱的。从这里入手学观察，以法布尔为范本，是不二的选择。

> **推荐阅读**
>
> ☆【法】法布尔《昆虫记》

三

观察更需要独到的眼光

普鲁斯特有一本叫《一天上午的回忆》的书,书中有一段关于清晨阳光的观察和描写很有意思。清晨的阳光最常见,我们也常会写到它,我上学的时候,特别爱说清晨的阳光格外灿烂,或者说阳光普照大地。我们来看看:我们看到的,和普鲁斯特看到的有什么不同;我们所写的,和普鲁斯特写的又有什么不同。

普鲁斯特是分这样几个层次来观察的:

最开始,普鲁斯特看到窗台上像有什么东西在闪动,是无色的,而且,看不出光亮;它在时时扩展,一点点发亮,渐渐地变成了一束阳光;没过多久,窗台上先有一半被阳光照上,那阳光又有些迟疑,像是畏怯一样,往后退了退;最后,一片明亮的光色溢满窗台。

然后,他打了一个比喻:

我看到阳光在窗台上不断增强，进展很快，而且持续不断，就像一阕序曲结尾的音符那样……在震耳欲聋的胜利的强音上，序曲结束。

看，普鲁斯特以细微而精准的眼光，看到阳光是如何出现直到溢满整个阳台的。他没有直接说清晨的阳光灿烂、明媚，挥洒在我家的阳台上，而是有耐心地一步步铺排，让阳光跟随他的眼睛一步步地出场，直至最后完整亮相。如果我们再来写清晨的阳光，或者黄昏时候的夕阳，是不是也可以这样一步步地让朝阳出场，让夕阳落幕呢？而千万不要再用什么朝阳灿烂、夕阳辉煌，或者朝霞如火、晚霞似锦这样老掉牙的词儿了！

仅仅这样写，普鲁斯特觉得还不够，因为他又看到了阳台上还有栏杆，早晨的阳光照在栏杆上的样子，也被他敏锐地看到了，他怎么能够放过呢？如同前面将阳光渐渐出现到最后洒满阳台层次分明地写出来一样，他所观察到阳光照在栏杆上，也是层次分明：他看到那铁栏杆已经锈蚀，阳光便有了展露身姿的另一个舞台，他观察到阳光是浮动在铁栏杆上面的；接着，他观察到阳光像水一样，沿着弯曲而旋转的铁栏杆直流淌到极细的尖端。他还观察到，他原来认为是世界上最难看的铁栏杆，阳光居然给它投射下精美的阴影。

这个发现，让他禁不住感叹，他便又用了一个比喻，说简直像是：

> 一位追求无限完美的艺术家为追求图形完美所体验到的喜悦在这涡旋形花纹上仿佛也有充分的表露，像这样的艺术家对某一对象忠实地再现，把它所没有的美附加上去了。

尽管这一段翻译的句子太长，有些别扭，但普鲁斯特所要表达的意思，还是可以理解的。那就是他让自己的目光扩展到铁栏杆上，便进一步看到了阳光将一种附加的美释放在这个世界上。

这一段，不仅看出普鲁斯特观察的独到，还可以看出文字的优美和联想的丰富。关键是观察的独到。独到在于他观察到的阳光，是慢慢地蔓延至整个阳台的；观察到阳光照在锈蚀的铁栏杆上时，阳光和铁栏杆共舞的独特景象。没有这样有意识有眼光的观察，便没有这样一段独到的文字。

同样写阳光，再看看于坚写的一段。他写的是高原大峡谷中的阳光，和普鲁斯特写的家里阳台的阳光不同。其实，太阳只有一个，所洒下来的阳光是相同的，不同之处在于环境的不同，阳光给予人的感觉便不同。这一点，很重要，也很有意思：

> 阳光在忙着调节大峡谷中的光线，忽暗忽明，云的巨蹼

踏过一个个山头，留下阴暗的脚印，立即消失，山头又一个一个亮起来。云永远不甘心，它的野心是遮蔽大地上的一切，再次带领千军万马涌来，又变成了散兵游勇。

我们会发现，就像普鲁斯特写阳光借助了他家阳台的铁栏杆，于坚借助的是云彩。因铁栏杆的弯曲旋转造成阳光在上面流泻如水；因大峡谷的云变幻不定，让阳光需要不断随之调节光线。所不同的是，于坚让云变成了主角，是云主宰着阳光，让一个个山头明亮或阴暗。这样有意喧宾夺主的写法，多么有趣。当然，于坚之所以选择这样的写法，和他在大峡谷中看到的阳光和云的变幻密切相关。他所看到的阳光，与普鲁斯特看到的阳光，一个在高原的大峡谷，一个在家里的阳台，自然便大不一样，需要敏锐而独到的眼光，才可以看到这样的不同，便也获得不同的乐趣。

所以，观察非常重要，不仅需要仔细，还需要独到的眼光，才能有独到的发现，文字总是在这样的观察和发现后出现的，否则，写的词儿都是别人曾经用过的，不管哪里的阳光，都写成了"阳光灿烂""阳光普照大地""阳光像金子一样，在我们的眼睛里明晃晃闪烁"之类。以后，我们再来写阳光的时候，能不能特别注意一下，自己首先要有这样独到的观察和发现？与此同时，调整我们写作的词汇，写出我们真实的发现和感受？

前几天，我写一篇文章，其中写到当年我从北大荒调回北京当老师，我的一个中学同学赶着队上的一辆老牛车，送我到场部，准备让我第二天一早乘车到福利屯火车站回北京。其中写到了夕阳。我首先仔细回忆当初黄昏时分看到的夕阳的情景，有什么独特的地方，而不是习惯性地只写一句夕阳西垂，烧得半边天晚霞似火。

我想到了，因为牛车是从西往东走，背对着夕阳，一直没有注意看，牛车离开我生活六年的二队老远了，想再看一眼队上，回头一看，突然看见夕阳如一盏硕大无比的橙红色灯笼，横空出世一般，就悬挂在我头顶，吓了我一跳。在北大荒那么多年，我从来没有见过夕阳居然可以这样巨大，大得像神话中的一样，那是我第一次，也是唯一一次见到。

然后，我看到，远处的二队家家户户炊烟四起，淡淡的白烟，活了似的，精灵一般，袅袅地游弋着。夕阳就是这样缓缓地垂落，蔓延出的光晕渐渐把炊烟吞没。我才发现，黄昏时分的北大荒，是这样的壮观；忙碌了一天的夕阳谢幕时，是这样的从容。

想到了二队烟囱上冒出的炊烟的时候，我想起了普鲁斯特写阳光照射的铁栏杆，和于坚写阳光时注意到的云彩。我为什么不把炊烟也写进去呢？就像铁栏杆和云彩可以是阳光的另一个展现自己身姿的舞台，我也可以让炊烟成为夕阳展现自己壮观的另一个舞台。真的是呢,夕阳的余晕渐渐吞没了白色的炊烟,也是我在北大荒从来没有见过的情景。

> **推荐阅读**
>
> ☆【法】普鲁斯特《一天上午的回忆》
> ☆ 于坚《滇东北雄狮大峡谷》

四

去市场比试我们的眼睛

如今，不管哪座城市，大城小城，各种市场都很繁荣，很热闹，我们即使不买什么东西，也会去逛逛。应该说，我们对那里都很熟悉，都曾经看过，留下过印象。如果让我们把自己看到的说一说，写一写，该怎么说，怎么写呢？

看到了什么，简单地说说，应该不难；但是要说得生动，让人听了感兴趣，就不那么容易了。什么原因呢？很简单，我们只是看见了，还没有学会观察。学习写作的人不能满足于看见，还要学会观察。看见，只是用了眼睛；观察，则是用了心。看见，只是看见了什么东西；观察，则是在看见的那些东西中有所发现。

我们来看看别人是怎么逛这些市场的，是怎么看，怎么观察，怎么发现，又是怎么落在笔端写出来的。

先来看看迟子建在她的新书《烟火漫卷》里写哈尔滨市场中的两段，一段写干果摊，一段写旧货摊：

十几家店铺，全是卖干果的。麻脸的核桃，光头的榛子，狐狸脸似的松子，黑衣的西瓜子，白袍的南瓜子，翡翠色的葡萄干，橘红色的枸杞，黑紫的蓝莓干，乳黄的香蕉干，金黄的杏干，琥珀色的蜜枣，这些芬芳而鲜艳的干果摆在摊位前，就像一块大的调色盘搁在那儿，真是要什么色儿有什么色儿。

摊主坐在马扎或是矮板凳上，跟凑近摊前的顾客搭讪，天花乱坠地推销旧货，而迤逦摊开的货摊，就像一条时光隧道跨越了不同的年代。烟笸箩、酱油瓶、醋坛、茶壶、笔筒、糖罐、酒壶和花瓶，不知在什么人家，伴着主人过了什么日子，空着心的它们，还是一副渴望着走进谁家，与人共度苦辣酸甜日子的表情。

我们仔细读这两段，会发现，写干果摊的那些干果前面，都加了修饰的定语，如核桃是"麻脸"，榛子是"光头"，松子是"狐狸脸"等；写旧货摊的那些旧货，只是货品本身罗列。显然，单独来看，加有修饰的定语的干果，比简单罗列的旧货，写得更生动一些。这些定语，看似写作时的添加，其实，是写作前在市场的干果摊前看的时候留下的印象，也就是说，如果当时没有留心看，写的时候，就容易脑子一片空白，写就只能靠想象，如果我们想象力不足，就只能单摆浮搁地罗列。

这两段描写，写干果摊，这样在看到的东西前面加修饰的形容词并不难，是最简便易行的写法。需要特别注意的，是最后一句。

写了干果摊那么多色彩缤纷的干果，最后一句写道："就像一块大的调色盘搁在那儿，真是要什么色儿有什么色儿。"用的是一个比喻。

写旧货摊关键也在最后一句："不知在什么人家，伴着主人过了什么日子，空着心的它们，还是一副渴望着走进谁家，与人共度苦辣酸甜日子的表情。"用的是一个想象。

我们也可以这样啊。在描写了一系列东西之后，别忘了最后加上这样一句点睛之笔，或想象，或比喻，这样，就让前面所写的东西都变得更生动了。编筐织篓，全在收口，这样的最后一句，既是总结，更是看到事物后，属于自己的感受和生发，那些所看到的事物，便不仅仅是客观的存在，而融入了主观的情感乃至思想在内。学习观察和写作的方法，就是这样简单。

如果我们能再看看于坚写过的这样的话：

街的尽头有一家蔬菜店，番茄、青菜、大蒜、灯笼椒、萝卜什么的，被卖菜的姑娘陈列得像马蒂斯的画。

我们是不是会发现，于坚和迟子建所用的比喻类似？只不过，迟子建最后一句用的是"调色盘"的比喻，于坚用的是"马蒂斯的画"的比喻。看来，这样的比喻主体和客体都是可以更换的，"调色盘"和"马蒂斯的画"都和美术相关，也就是说，他们看到了干果摊和蔬菜店之后，联想到的比喻方向是趋同的，是一致的，不过是表现的形式不同罢了。那么，我们不也可以沿着这个方向，稍微变换一下表现方式？比如，我们可不可以照葫芦画瓢，将"像不小心打翻了的调色盘"，改写成"像梵高的画"？或者另起炉灶，寻找新的比喻方向，写成"简直像把果树集中在一起，让它们必须晾干它们的果实，放在这里展览""简直像把菜园搬到这个小店里来了"，可不可以呢？我看是完全可以的。

在看中学习别人写的，在学习别人写的同时，仔细看我们所看到的，会不会觉得有点儿意思？像不像我们玩的魔方或乐高，可以随意变换着句式，创造出我们想要的样子？

> **▶ 推荐阅读**
>
> ☆ 迟子建《烟火漫卷》

五

切忌用"琳琅满目"这个词

我们一般都爱用"琳琅满目"这个现成的词儿形容菜市场,以此来替代对菜市场的观察。我们对身边的很多事物,也常常是用这样笼统的词语来表达我们的认知,其实,就是从来没有好好地观察过,用这样现成的词儿,最方便,最容易,也最偷懒。菜市场只是一个例子。"琳琅满目",是我们常常借用的一个陈词滥调。因为我们说菜市场是"琳琅满目",说百货商厦也可以是"琳琅满目",说花园照样可以是"琳琅满目"。"琳琅满目",像一顶没有个性的帽子,被戴来戴去。

在写文章的时候,最忌讳用"琳琅满目"这个词,一定要尽量避免。

来看王国华写的《菜市场里的相聚》。被我们忽视的菜市场,被他观察得如此别致,充满异样的生气。看看他眼睛里的菜市场是什么样的情景,和我们眼睛里菜市场是不是一样。如果不一样，为什么？和他相比，我们的眼睛里都看到了什么，又缺少了什么？

　　一个辣椒让你看到辣。一群辣椒拥在一起，让你看到的就是红。圆润的身子，细细的尖儿，红得反光。旁边是粗大的白萝卜。一个萝卜让你看到脆，一群萝卜就让你看到白。

　　空心菜，一根叠一根。像一群绿色的瘦高的孩子在做游戏，一个趴在另一个身上，很厚的一摞。每根菜都有了生命。是拥挤赋予了它们生命，就像大海让每一滴水拥有了生命。

　　生姜像伸开的手掌，五个粗短的手指头，或者三个、四个。一百多只手掌，装在笸箩里，一齐伸开，坚决不收回。从旁经过，感觉手掌们随时蹦起抽你一下。

　　一个地瓜和一捆韭菜，一辈子不得见面。把它们种在同一块土地，也只能近在咫尺地互相观望，伸出手去抚摸一下对方都不可能。若讨厌对方，想啐对方一口唾沫更不可能。土地养大了它们，却让它们永不接触。而现在，一个地瓜就躺在一捆韭菜上，仿佛一只猫卧在主人的腿窝里。依恋和爱恋，温和与缱绻。

　　一个胡萝卜和一捆菠菜，一条黄瓜和一个青椒，一棵白菜和另一棵娃娃菜，一只丝瓜和一捆蒜薹，一瓣子大蒜和一只春笋……亲人们都相见了。你在菜市场里止住脚步，屏住呼吸，可以听到高一声低一声的呼唤，看到它们久别重逢之后的悲辛，看到它们相拥时的忘情……

他写到了辣椒、白萝卜、空心菜、生姜、地瓜、韭菜、胡萝卜、菠菜、黄瓜、青椒、白菜、娃娃菜、丝瓜、蒜薹、大蒜、春笋……这么多的菜，可谓"琳琅满目"，但他并没有说"琳琅满目"。那么，他都说了些什么？他说了它们的颜色、长相等，但是，这都不是最主要的，最主要的是，他把它们都一个和一个单独配对，或者一个和一堆放在一起。为什么要这样？这正是他别致的发现。我们到菜市场，看到的都是一种种的菜，他却发现每一种不同的菜，是和另一种菜放在一起卖的。这是菜市场和菜园最大的区别，被他敏锐地观察到了。其实，这样不同品种的菜挨在一起，是菜市场最常见的情景，哪一个菜摊也不会只卖一种菜。我们都常看见过，但我们没有仔细地观察过，没有仔细地想过，把它们放在一起看、一起写，会有什么样的效果？

可见，观察和看到，还真的不是一码事。在前面，我说过：观察，必须要经过心里想一下。看，可以只要眼睛；观察，则需要眼睛加心。

把一种不同的菜，和另一种菜放在一起，不是为了做对比，而是要让本来不相关的菜有了相关的联系。就像二重唱，多了声部，多了色彩。我们唱的只是单声部的独唱。

看他写辣椒、白萝卜、空心菜、生姜，是一个和一堆放在一起的，其余的都是不同的菜一对一地单列比对。地瓜和韭菜一起，本来在菜地里是老死不相往来，在菜市场却有了难得的依恋和爱恋，温和与缱绻。胡萝卜和菠菜、黄瓜和青椒、白菜和娃娃菜、丝瓜和蒜薹、大蒜和春笋，最后，形成了大合唱，在菜市场高一声低一声地呼唤，让你对这些平常的蔬菜涌出从未曾有过的感动。他别致的观察，让文章的书写达到了这样出其不意的效果。

你看他说"一百多只手掌，装在筐箩里，一齐伸开，坚决不收回。从旁经过，感觉手掌们随时蹦起抽你一下"，说得多么活灵活现，"伸开""收回""蹦""抽"，一个个我们并不陌生的动词，在这里显得那么生机蓬勃，其实，用的就是最常见的拟人方法。

他说"一个地瓜就躺在一捆韭菜上，仿佛一只猫卧在主人的腿窝里"，说得多么生动新颖，用的就是最常见的比喻方法，但是，猫的比喻，让你觉得是那么的贴切而温馨，且更为生活化，更新颖活泼，更充满年轻的生气。他不仅用了比喻和想象，更选择了一个颇有新意的角度，用自己年轻活泼的心，去看、去写的。

最后他说所有的这些蔬菜像是"亲人们都相见了。你在菜市场里止住脚步，屏住呼吸，可以听到高一声低一声的呼唤，看到它们久别重逢之后的悲辛，看到它们相拥时的忘情"，他让这些并不具有情感的蔬菜，一下子有了这样丰富的情感。这是一种多么美好温馨的感情！

在这些描写中,拟人和比喻的修辞固然增加了文章的感染力,但是,更主要的,我们不仅仅要学习这些修辞方法,还要学习这样新颖别致的观察眼光中带有的感情,带有的心。这样的话,才能把我们生活中最司空见惯的场景,写得别具一格。

推荐阅读

☆ 王国华《菜市场里的相聚》

六

季羡林是怎么看丝瓜的

有一次,我到一所小学校讲课,这个校园里的绿化非常好,种着很多种树,遍布各个角落,布局很有些讲究。我问同学们:你们知道你们的校园里都有什么树吗?你们叫得上它们的名字吗?注意到它们有什么不同吗?都在什么时候开花,开的花是什么样子的,什么颜色的?又都在什么时候落叶,叶子是什么样子的,什么颜色的?

在座的同学面面相觑,答不上来。我建议他们,等明年开春的时候,先找校园里的一棵树去好好看看,这棵树是什么时候开花,开的花的样子、颜色是怎样的。

于是,我在正式讲本来准备好的内容之前,先讲了季羡林先生的那篇《神奇的丝瓜》,这是他每天看自己家楼前种的一株丝瓜的收获。我告诉礼堂里的这些孩子们,如果季羡林先生不是每天这样仔细地观看,便没有这篇文章。细细分析季羡林先生是怎样看的,我们会从中学到很多。

怎样看,首先要会看,会看的标准,是要看出差别、看出特点,不能每天看得都差不多。看得差不多,写,便只能写"每天长大一点点,逐渐长大"——这常常是我们的毛病。

这篇文章很短,分了几个层次,写季先生看到丝瓜的样子,是一次次变化的。变化的脉络非常清晰。

季先生看的丝瓜,就在他家的楼前,我们也可以先看我们的家里家外,或学校里的一株草、一朵花、一棵树。有具体的文本为榜样,学起来会容易一些。

第一次看到的。注意,季羡林先生用了"忽然"一词,说明以前并没有注意到,只是这一天才看到。是初步地看,丝瓜还没有长出来,只是丝瓜的秧和叶子刚爬上楼墙而已,只是简单地客观描述:

忽然有一天,我发现丝瓜秧爬出了篱笆,爬上了楼墙。

第二次看到的。丝瓜变化很大。他看到的主要变化是什么呢?我们仔细读,会发现,是"这样细的一根秧竟能在一夜之间输送这么多的水分和养料,供应前方",这是文章题目中"神奇"的意思,或者是第一次发现的神奇之处,让季先生感到惊奇,并激起了他的兴趣:

以后，每天看丝瓜，总比前一天向楼上爬了一大段，最后竟从一楼爬上了二楼，又从二楼爬上了三楼。说它每天长出半尺，决非夸大之词。丝瓜的秧不过像细绳一般粗，如不注意，连它的根在什么地方，都找不到。这样细的一根秧竟能在一夜之间输送这么多的水分和养料，供应前方，使得上面的叶子长得又肥又绿，爬在灰白色的墙上，一片浓绿，给土墙增添了无限活力与生机。

这当然让我感到很惊奇，我的兴趣随之大大地提高……我往往注视着细细的瓜秧和浓绿的瓜叶，陷入沉思，想得很远，很远……

第三次看到的。丝瓜开花，结果。如果看到的仅仅是这样，写便也只能这样。这样的话，还会是好文章吗？即使我们在看到小丝瓜长了出来时，加上一句感慨："小小的丝瓜像小手一样迎风摆动，多么可爱呀！"也很一般化，因为我们看到的太一般化。季先生没有满足这样的看见，他看见了什么呢？他看见了丝瓜是悬坠在空中的，于是担心："生怕它经不住这一份重量，会整个地从楼上坠下来，落到地上。"我们可以看出，前一句是看到客观的情景，后一句是生发出来主观的心情。如果没有前一句看见丝瓜悬坠在空中，后一句的心情就无从写起。可见，看是多么重

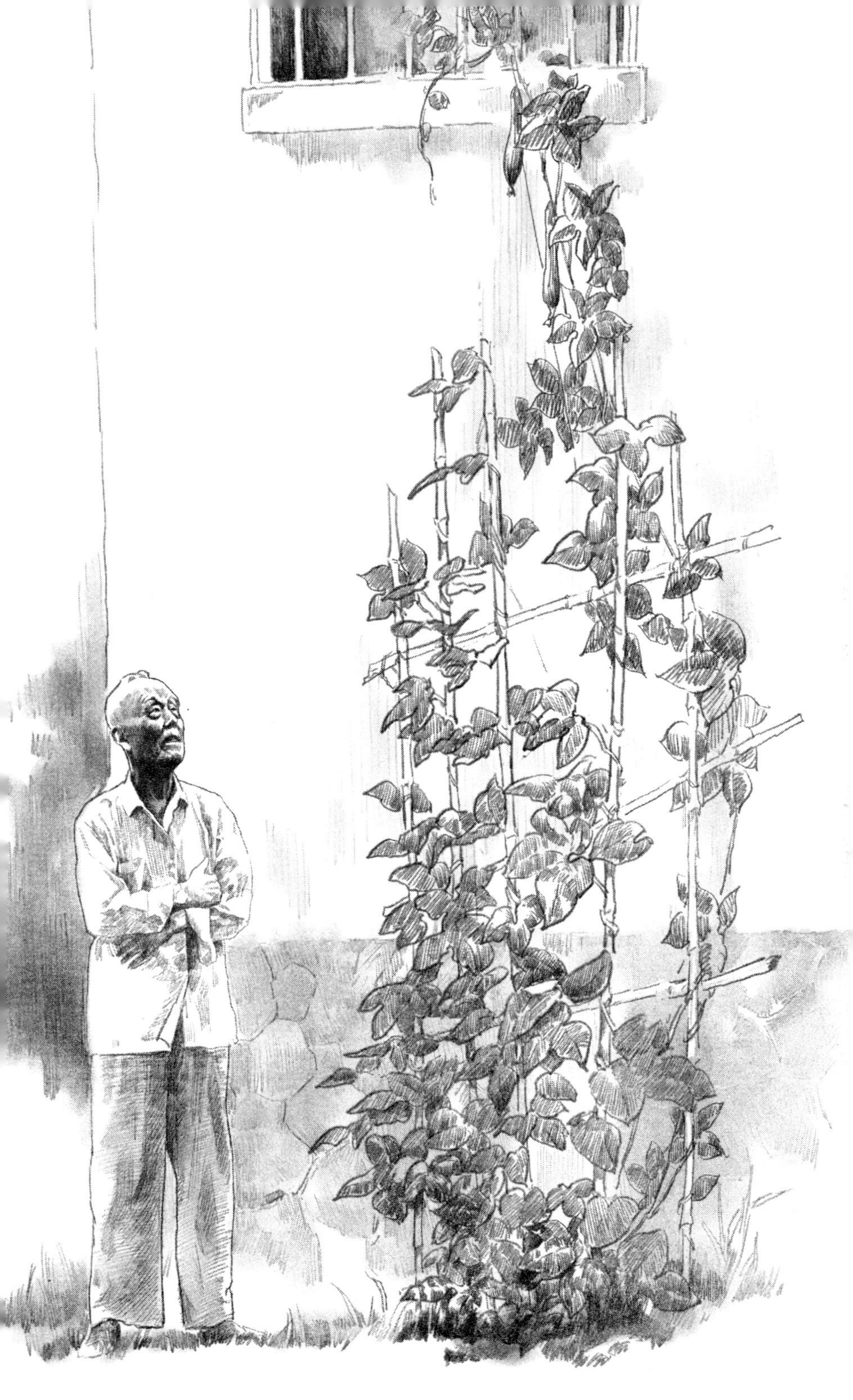

要:

> 又过了几天,丝瓜开出了黄花。再过几天,有的黄花就变成了小小的绿色的瓜。瓜越长越大,越长越大,重量当然也随之增加。最初长出的那一个小瓜竟把瓜秧坠下来了一点,直挺挺地悬垂在空中,随风摇摆。我真是替它担心,生怕它经不住这一份重量,会整个地从楼上坠下来,落到地上。

第四次看到的。在最初长出的丝瓜上面,又长出两个瓜。他看到这两个瓜"发疯似的猛长,不久就长成了小孩胳膊一般粗了。这两个瓜加起来恐怕有五六斤重"。担心,又来了,"一根细秧怎么能承担得住呢?"看,还是由看到引起的担心。由眼睛到心里,文章才容易写出来情感:

> 最初长出来的瓜不再长大,仿佛得到命令停止了生长。在上面,在三楼一位一百零二岁的老太太家的窗外窗台上,却长出来两个瓜。这两个瓜后来居上,发疯似的猛长,不久就长成了小孩胳膊一般粗了。这两个瓜加起来恐怕有五六斤重,那一根细秧怎么能承担得住呢?我又担心起来。

第五次看到的。两个瓜找到了自己的安身之地,担心解除:

没过几天,事实又证明了我是杞人忧天。两个瓜不知从什么时候忽然弯了起来,把躯体放在老太太的窗台上,从下面看上去,活像两个粗大弯曲的绿色牛角。

第六次看到的。又长出一个小瓜,又悬垂在空中,担心又冒了出来:

不知道从哪一天起,我忽然又发现,在两个大瓜的下面,在二三楼之间,在一根细秧的顶端,又长出来了一个小瓜,垂直地悬在那里。

我又犯了担心病:这个瓜上面够不到窗台,下面也是空空的,总有一天,它越来越大,会把上面的两个大瓜也坠了下来,一起坠到地上。

第七次看到的。新的发现,各个瓜都各安其所:

今天早晨,我却看到了奇迹。同往日一样,我习惯地抬头看瓜:

下面最小的那一个早已停止生长,孤零零地悬在空中,似乎一点分量都没有;上面窗台上那两个大的,似乎长得更大了,威武雄壮地压在窗台上;中间的那一个却不见了。我看看地上,没有看到掉下来的瓜。我倒退几步抬头再看时,却看到了那一个我认为失踪了的瓜,平着身子躺在紧靠楼墙突出的台子上。这真让我大吃一惊!这样一个原来垂直悬在空中的瓜怎么忽然平身躺在那里了呢?这个突出的台子无论是从上面还是从下面,人都是无法上去的,决不会是有人把丝瓜摆平的。

看,季先生写得多么有趣:最小的瓜停止了生长,轻得"似乎一点分量都没有",即使悬坠空中,也不怕掉下来了;两个大瓜,"压在窗台上",不仅舒舒服服,还有点儿威武雄壮呢;中间那个以为失踪的瓜,"平着身子躺在紧靠楼墙突出的一个台子上",奇异地变换的身形,挤在那里,也安然无恙了。我们是不是多少明白了一些,只有看得仔细,才能写得细致;只有看得有趣,才能写得有趣?

看,确实是比写要重要的。

> **推荐阅读**
>
> ☆ 季羡林《神奇的丝瓜》

七

像汪曾祺一样写观察日记

如何将我们看到的、观察到的,落在我们的作文中,让我们的作文写得漂亮一些?汪曾祺先生的散文《葡萄月令》,也是我常推荐给初学写作者特别是孩子们的范本。

这篇散文不长,极其精炼却富有情趣,细致入微地写了葡萄从发芽、长叶,到成熟和入窖的全过程。这个过程,经过了一年四季十二个月,每一个月,汪曾祺先生都为葡萄写了一则观察月记。关键是,这个全过程,汪曾祺先生是亲身经历的,他就是在葡萄园里劳作过的。可以说,没有事先日复一日的观察,便没有这篇作品。

我们的初学写作者,特别是孩子,谁没有养过一盆花、一盆绿植,或一只小猫小狗小鸟小金鱼之类的动植物呢?如果我们也能够如汪曾祺先生一样仔细观察它们,不是心血来潮的一天或几天的热乎劲,也不是三天打鱼两天晒网,而是坚持天天如此,并为它们写下观察的月记或日记，看到它们的变化，看到它们的成长，写出我们的感受，写出我们的心情，不也会是一篇不错的文章吗？

好的文章，都是从生活而来的，特别是先从自己身边的生活而来的，是先从眼睛入心，然后才到笔端的，而不是凭空想象瞎编出来的。当然，也不是看到什么就写什么，那样，只是流水账。在形诸笔端的最后一步，需要对观察有个提炼，这一点很重要。我们看到的事物，总是繁杂的、琐碎的，从这样一盘散沙中找到最主要的一点或两点（一定不要太多），也就是找到最能打动你的、最让你难忘的，才能够把看到的事物化繁为简，突出重点，写的时候才会好写，不至于眉毛胡子一把抓。在具体的写作中，写得生动，这是第二位的，这需要写作的方法。先学习如何观察身边点滴细微的生活点，并能够突出重点，抓到最主要的部分，是我们学习的重点。

我们来看看汪曾祺先生是怎么来写观察月记的，也就是他在文章题目中说的"月令"。

一月，下大雪。雪静静地下着。果园一片白。听不到一点声音。葡萄睡在铺着白雪的窖里。

其实，记录下来的就是一句话：一月，葡萄在窖里。这是我们谁都可以看到的现实。当然，一月也会下雪，但不会天天下雪。

既然是写葡萄的观察月记,我们可能只注意了葡萄,雪容易被我们忽略。汪曾祺先生却格外注意到了雪,并将雪"升堂入室",和葡萄一起,作为一月里的联袂主角,并且,要让雪先出场。雪,"听不到一点声音",说的还是上一句"雪静静地下着"的意思,但是,是"静静"的形象化。有了雪的背景,这时候,才让葡萄出场了,就是他观察到的一个最简单的事实,葡萄在窖里。但是,他不说葡萄埋在窖里,他这样说:"葡萄睡在铺着白雪的窖里。"拟人句,一个"睡"字,多么安详,多么温暖。这样,葡萄在白雪的映衬下,睡美人一样睡着,显得很美,有了生气。显然,就比只说葡萄埋在窖里要好许多。这样的观察月记,已经是作文的初稿了。

二月,葡萄出窖。这时候,天暖和了,雪化了,刮起春风。葡萄这时候是什么样子呢?就是吐芽长出小嫩叶了。这应该也是我们可以看到的现实。问题是该怎样将我们眼睛里看到的现实,生动地写在观察记里呢?就只简单地说二月葡萄吐芽长出小嫩叶了吗?

汪曾祺先生是这样写的:

> 有的梢头已经绽开了芽苞,吐出指甲大的苍白的小叶。它已经等不及了。

前面一句,是我们看到的现实,后面一句"它已经等不及了",则是汪曾祺先生自己的主观感受了,他在替葡萄等不及。依然是拟人句,有了这样一句,葡萄发芽长叶,就变得生动了起来,好像和人一样,也有了急切的心情。我们在写观察日记的时候,学着点儿汪先生,别只是看,忘了记上我们的心情。

接着,他写:

把葡萄藤拉出来,放在松松的湿土上。不大一会,小叶就变了颜色,叶边发红;——又不大一会,绿了。

没有拟人句,干净,短促,没有任何修饰性的语言,却还是很生动,状若目前。这就是观察的能力了。这一段最重要,写得最细致入微,可以看出汪曾祺先生观察得多么仔细。他从葡萄藤在二月里发芽长叶这样一个简单的事实中,看到了那小叶是如何从最开始的苍白颜色——瞬间叶边发红——然后变绿的过程。层层递进,如同电影放映的三组慢镜头的特写,分别呈现白、红、绿三种色彩,格外清晰醒目。如果我们也能够看得这样仔细,看得到小叶的颜色从白到红到绿的瞬间变化,我们便也可以写出这样的文字。

三月,葡萄上架。这一段全都是葡萄上架的过程,如何刨坑、立柱、搭架子……很容易写得琐碎而枯燥。汪曾祺先生也写了这些过程，但是，重心放在最后把葡萄藤放在架子上，便让这一段有了突出的重点：

> 把枝条向三面伸开，像五个指头一样地伸开，扇面似的伸开。然后，用麻筋在小棍上固定住。葡萄藤舒舒展展，凉凉快快地在上面待着。

还是用了拟人句，让上架后的葡萄藤有了那么美滋滋的感觉。在这里，他先是一连用了三个"伸开"的动词，一个陈述句，两个比喻句，将看到的上架后的葡萄藤，融入了主观的感情色彩，一下子便把那种舒服劲儿写了出来。然后，用了"舒舒展展"和"凉凉快快"两个叠声词。试想，如果没有这三个"伸开"和两个叠声词，还会有葡萄藤上架之后那种舒服的感觉吗？就只剩下了一句话：葡萄藤上架后在上面待着。那样的话，这一段月令，真的就是葡萄藤上架过程的枯燥的流水账了。

在这里，我们看到怎么让观察到的东西变成生动的记述，而不是机械地将看到的东西都老老实实写下来。观察日记，切忌写成流水账，这一段，为我们做了很好的范例。

四月，给葡萄浇水。这一段写得格外有意思，是必须仔细观察后才能够写得出来的。首先，汪曾祺先生看到"葡萄喝起水来是惊人的"，然后，他看到：

浇了水，不大一会，它就从根直吸到梢，简直是小孩嗫奶似的拼命往上嗫。浇过了水，你再回来看看吧：梢头切断过的破口，就嗒嗒往下滴水了。

观察得多么具体细致，才能写得这样具体细致，用的方法，小孩嗫奶——还是一句拟人句。但是，只是会拟人句，没有最后一句，梢头切口往下滴水，也是不行的。如果上面一句拟人句，负责的是生动，最后这一句，"梢头上切断过的破口，就嗒嗒往下滴水了"，负责的则是具体和形象。而这一句是来自于仔细的观察。

五月，葡萄打枝，开花。汪曾祺先生总能在最枯燥最不起眼的生活中捕捉到富有情趣的地方，或许，这就是雕塑大师罗丹说过的：生活中不是缺少美，而是缺少发现美的眼睛。对于一个写作者，在生活中，有一双发现的眼睛，观察才会有意义，而不只是将看到的事物账单式地罗列。

汪曾祺先生发现了打枝时打下来的卷须，他写道："葡萄的卷须有一点淡淡的甜味。这东西腌成咸菜，大概不难吃。"然后，他又发现：

有人说葡萄不开花，哪能呢！只是葡萄花很小，颜色淡黄嫩绿，不钻进葡萄架是看不出的。而且它开花期很短。很快，就结出了绿豆大的葡萄粒。

写葡萄的卷须，他用的是联想，联想到腌咸菜，有生活的情趣。写葡萄开花，则完全是他的仔细观察，但他不是仅仅把观察的结果告诉我们，而是"钻进葡萄架"，说很快花就变成了葡萄粒，我们分明看得见他在观察时候的眼神、动作和心情。

六月、七月过去了，八月到来了，葡萄着色了，成熟了。看汪曾祺先生是怎样写丰收的情景的：

下过大雨，你来看看葡萄园吧，那叫好看！白的像白玛瑙，红的像红宝石，紫的像紫水晶，黑的像墨玉。一串一串，饱满、磁棒、挺括，璀璨琳琅。你就把《说文解字》里的玉字偏旁的字都搬了来吧，那也不够用呀！

在这里，写了丰收时候葡萄的样子，更写了丰收时候的心情，喜悦的心情溢于言表。在写葡萄样子的时候，他用了"好看"的词儿，但他在这个词儿的后面有了一串详尽的描写，而且，夸张地说"把《说文解字》里的玉字偏旁的字都搬了来吧，那也不够用呀！"便把有意用的"好看"还有"璀璨琳琅"这样抽象的词儿具体形象化了。这是我们在记观察日记时特别需要注意的，观察得一定要具体形象，记录得一定也要具体形象。

就这样，汪曾祺先生一直写到十二月，一直写到葡萄下窖：

> 下雪了。我们踏着玻璃碴似的雪，检查葡萄窖，扛着铁锹。一到冬天，要检查几次。不是怕别的，怕老鼠打了洞。葡萄窖里很暖和，老鼠爱往这里面钻。它倒是暖和了，咱们的葡萄可就受了冷啦！

看，他又写到了雪，让十二月的雪和一月的雪，有了年尾和年首的呼应，有了他对于已经一年四季和葡萄相依为命的感情。那可是"咱们的葡萄"呀，一个"咱们"，透着多少心底的感情！这样写，我们读着感动。

让我们学习汪先生这样为葡萄写月令一样，为自己身边的一朵小花、一只小猫、一只小鸟或一条小金鱼，写下这样的观察日记，记下它们的变化，也记下自己的心情。这该是多么有意思的事情呀！

▶ **推荐阅读**

☆ 汪曾祺《葡萄月令》

第三课

读比写重要

一

读要从兴趣出发

对于孩子的最初写作，我还有这样一个观点，就是读比写重要。

在读和写之间，读更为重要。读是第一位的，写属于第二位，也就是说，没有读，便没有写。这就是人们常说的，书是写作之母。美国著名学者苏珊·桑塔格在谈到自己的写作体会时说："阅读往往先于写作，写作的冲动几乎总是由阅读引发的。"俗话说得更明白无误，就是天下文章一大抄，看你会抄不会抄。所谓抄，得先读书，然后才谈得上从书中抄录。

其实，无论雅的俗的，道理是一样的，读书对写作的重要性，是毋庸置疑的。

在这里，我所强调的读，和成人的阅读应该有所不同，要根据各个年龄阶段的心理特点和接受程度，以及兴趣喜好，来进行有的放矢的阅读，切忌那些大而无当、切割琐碎或只是应对考试升学的实用主义的阅读指导。

我想提供大家参考的，有这样几种方法：

一种是从兴趣喜好出发，先从最常见最细小的事物开始，选择一些与之相关的文本来阅读。所选择的这些文本，一定要注意选择那些短小精悍的。这样读书的好处，一在于有兴趣，能够接受；二在于事物小、文本短，容易吸收。

这两点很重要。千万不要以成年人的思维和眼光来选择文本，尽管出发点是好的，但效果不见得好。我的孩子小时候，我找来很多文章和书给他看，我以为都是好书，好文章，有很多还是经典。谁想，很多他都不爱看，他翻了翻，看了两眼就扔开了；有些他甚至连看都没看。我问他为什么，他说都太长了，哪有那么多工夫看。我想，也是，孩子在学校学习，作业本来就多，如果再让他看课外书，一定要精选，而且，先要选短文。以后，我便专门挑那些短一些的，有的文章太长，我便截取其中最精彩的一段给他看。

比如，我选择韩少功的《山南水北》一书，但不是整本书，而是挑选其中的片段。

其中有写葡萄的片段，写得非常有趣："我家的葡萄就是小姐身子丫鬟命，性情大得很，心眼小得很。有一天，一树葡萄叶忽然只剩下光光的主杆，叶子所有零落在地任人碾踏。"原来是因为他在给葡萄剪叶的时候，"一剪子惹怒了它，让它怒从心头起,恶向胆边生,来个英勇地以死抗争。"

葡萄藤,大家一般都见过,这样说葡萄是小姐身子丫鬟命,说它脾气大、心眼小,说它的怒和恶以致最后以死抗争,这种说法我们还是第一次见。如果从学习写作方法讲,不过是拟人的修辞,但是,这种拟人,和一般的拟人又不大一样。怎么不一样呢?我们来具体解释。

如果我们先不看这段文字,我们看到葡萄藤被误剪而枯萎的情景,会怎么写?

有人可能会写:"葡萄突然叶子全部脱落,只剩下光光的枝干。"

那么,用拟人的方法进一步写呢?

有人可能会这样写:"葡萄大概是因为误剪生气了吧?"

这当然也不错,因为他在进一步的思考中,有意识地用了拟人的修辞方法。

有了这样一番事先的思考之后,再看原文,和原文相比,我们就会看出差距,同样是拟人,原文让拟人进一步深化,将拟人推向极致,让葡萄不仅仅是生气,而且有了更强烈的感情和性格,好像它们能够张口讲话,跳下葡萄架,可以和人冲撞一样。这表明,拟人,也可以融入我们的想象,将其夸张,可以产生意想不到的效果。小小的葡萄藤,就这样一下子更加活灵活现、蓬勃动人,我们也可以学着这样去写呀。

再选择书中写一只公鸡的片段：

一只公鸡冠头大了，脸庞红了，尾巴翘了，骨架五大三粗，全身羽毛五彩缤纷油光水亮，尤其是尾巴那几条高高扬起的长翎，使它活脱脱戏台上的金牌武生一个，华冠彩袍，金翎玉带，如操上一杆丈八蛇矛或方天画戟，唱出一段《定风波》或者《长坂坡》，一定不会使人惊讶。

如果只写到这只公鸡的羽毛和尾巴上的长翎，写得再怎样漂亮，也只是一般化的描写，这正是我们最初写作文常常会出现的毛病。后面说它是"活脱脱戏台上的金牌武生"，虽然还是用了常见的拟人方法，却让这只公鸡一下子活脱脱成了人一样威武起来。而且，这个人是一个非常特殊的武生，华冠彩袍，金翎玉带，还能够"操上一杆丈八蛇矛或方天画戟，唱出一段《定风波》或者《长坂坡》"。有了这样一段描写，才让这段文字有声有色、韵味悠长，同时让这只公鸡熠熠生辉。

写公鸡和葡萄，用的方法是一样的，都是把普通拟人深入一夸张一定型为特殊的形象：葡萄是小姐的身子丫鬟的命；公鸡是唱《定风波》《长坂坡》的武生。想一想，如果不是小姐和武生，只是一般的人，那么，葡萄就只能简单地生气；公鸡只能是威风凛凛的一个人。要进行这样的比较，从中看到差距，找到方法。

以后再写作文，就可以学习这样将最常见的拟人方法，以这样"深入—夸张—定型"三部曲的方式呈现。

无论是葡萄还是公鸡，都是大家熟悉的、感兴趣的，读起来，才会产生共鸣。这本书中还有这样两个片段，写乡间的鸟。鸟，也是大家熟悉的，感兴趣的。

一段写不同鸟叫的声音：

有一种鸟叫像冷笑。有一种鸟叫像凄嚎。还有一种鸟叫像小女子斗嘴，叽叽喳喳，鸡毛蒜皮，家长里短，似乎它们都把自己当作公主，把对手当作臭丫鬟。

一段写一种叫作"铁哨子"的鸟，在芦苇上栖息：

它们全身乌黑，比树蝉大不了多少，经常密密地停栖在一枝芦苇上，像一长串冰糖葫芦在风中摇荡，更像一长队孩子消受着跷跷板。

这两段写鸟，依然还是用的拟人的老方法。这一点，大家肯定都看出来了。但是，这两段写鸟的中心是什么？这需要再次仔细读一遍了。第一段，写鸟的叫声；第二段，写鸟的栖息。

看，侧重点不同。如果我们来写——不管是写鸟，还是写别的，几种事物放在一起，比如森林里的树木，动物园里的动物，餐厅里的食物……我们也都要这样找出不同的侧重点。不要面面俱到，面面俱到就等于面面不到。什么都写，很容易蜻蜓点水，什么也写不好。

找出侧重点，就是找出它们不同的特点，找到了这样的特点，才好下笔去写。看，写鸟叫，他先写像小女子的斗嘴，再写把自己当成公主，把对手当作臭丫鬟；写鸟栖息在芦苇上，他先写像风中一长串糖葫芦，再写像小孩子玩跷跷板。写得有了层次，有了节奏，让文字丰富多彩，而不是将不同的鸟写得雷同，一写鸟叫，就只会说鸟鸣啾啾，悦耳动听；一写鸟栖息，就只会说鸟安静地站在树枝或电线上，像一串音符，使得文字重复而单调，缺乏新意。

我们也可以照葫芦画瓢，他写鸟叫像小女子斗嘴，我们可以写像班上开的辩论会，同学们你一嘴我一嘴争论不休；他写鸟的栖息像一长串糖葫芦，像小孩子玩跷跷板，我们可以写像课间操同学们排着整齐的队伍，一个紧挨着一个。

这样读，这样学，我们是不是可以学到一些具体的方法？

> **▶ 推荐阅读**
>
> ☆ 韩少功《山南水北》

二

读要抓住特点

无论写人，还是写事物，抓住特点很重要。抓不着特点，就容易写得一般化，用的都是一些陈词滥调。读书也一样，在一本书或一段文字中，必须抓住它最重要的特点，而不能读完之后，问你怎么样，你说好。再问你怎么个好法儿，你说哪儿都好。便是没有抓住特点，读得没有成效。

抓住了特点，就容易学到方法，写作的时候笔就好延伸。特点，就是书中的核，读书时抓住特点，就是要一剑封喉。我们在读书时要特别留意那些能够充分体现特点描写的文字，然后才能够在有效的时间学到其精华部分。

这一次，我举屠格涅夫的《猎人笔记》里的例子。

看他怎么写林子里的蘑菇：

蘑菇各自戴着自己的帽子站着。

一个"戴着帽子"的拟人，就抓住了蘑菇最主要的特点。很形象，很俏皮。也很好学。

看他怎么写林子里的树被伐倒：

> 一棵葱茏的树木好像鞠躬一般伸展着手臂，庄严地、徐徐地倒下来。

用的依然是拟人，"好像鞠躬一般"，却把树木倒地的状态写得有了声势，不同凡响。其中"庄严"一词，和"鞠躬"连在一起，起到了化学反应一样，让这棵树倒地倒得也有了特点。

"树叶被露水打湿。"一般我们会这样说。他不这样说，他说：

> 地上潮湿起来，树叶出汗了。

"夜色降临了。"一般我们会这样说。他不这样说，他说：

> 仿佛黑夜随着夜气同时从各方面升起，甚至从高处流下来。

显然,"树叶出汗了",比"树叶被露水打湿"要生动,有特点。"黑夜从高处流下来",比"夜色降临"要形象,夜色如同水流下来一样,多有特点。避免"降临"这样惯性的、常用的说法,屠格涅夫总能找到好法子,他能从树叶被露水打湿联想到树叶出汗,他能联想到夜色和水一样也可以流动,而且是从上往下流下来。面对同样的景色,他一下子找到了它们的特点,便比我们多了很多生动的方法。

再看他写夏夜的静谧。他不写怎么安静,相反写很多声响,用声响反衬其静:

> 四周几乎听不见一点声响……只是有时在近旁的河里突然响出大鱼拨水的声音,岸边的芦苇被漂来的波浪微微冲击着,发出低弱的瑟瑟声……只有火轻轻地毕毕剥剥地响着。

我们可以从中学到另一种突出事物特点的方法:反方向写作。即要写静,却写声响,如王籍《入若耶溪》一诗中写:"蝉噪林逾静,鸟鸣山更幽。"同理,要写嘈杂,也可以写静来衬托。这样可以把静与不静的特点更突出地写出来。

同样是写声音,看屠格涅夫写蚱蜢的叫声:

仿佛激怒似的——这种不停不息的、萎靡而干巴巴的叫声使人感到困疲。这叫声和正午的顽强的炎热很相配；它仿佛是这炎热所产生的，是这炎热从晒焦的大地里唤出来的。

我们可以看出，屠格涅夫写蚱蜢的叫声，是为了写夏天的炎热，和前面以声响写安静的方法是一样的，蚱蜢被激怒，是因为炎热，它是从炎热的晒焦的地里唤出来的，仿佛炎热也可以发出声音。如果没有写蚱蜢这样的叫声，仅仅说天气燥热，哪怕说得再炎热，也没有这样形象、别致而富有特点。而这一特点，恰恰是蚱蜢的叫声赋予的，带动出来的。

再看屠格涅夫写叶子被风吹得晃动。他不写叶子怎样晃动，不用我们常用的"轻轻摇曳"或"飒飒细语"之类老掉牙的词汇，而是说：

细枝末端有一片单独的叶子，一动不动显示出在一块透明的淡蓝色的天空上，它旁边的另一片叶子在摇晃着，好像鱼潭里的鱼在跳动。

看，他还是用了动静对比的方法。枝条之间露出了一块蓝天，不动的叶子，衬托着动的叶子，因为蓝天像鱼潭，叶子才像鱼，

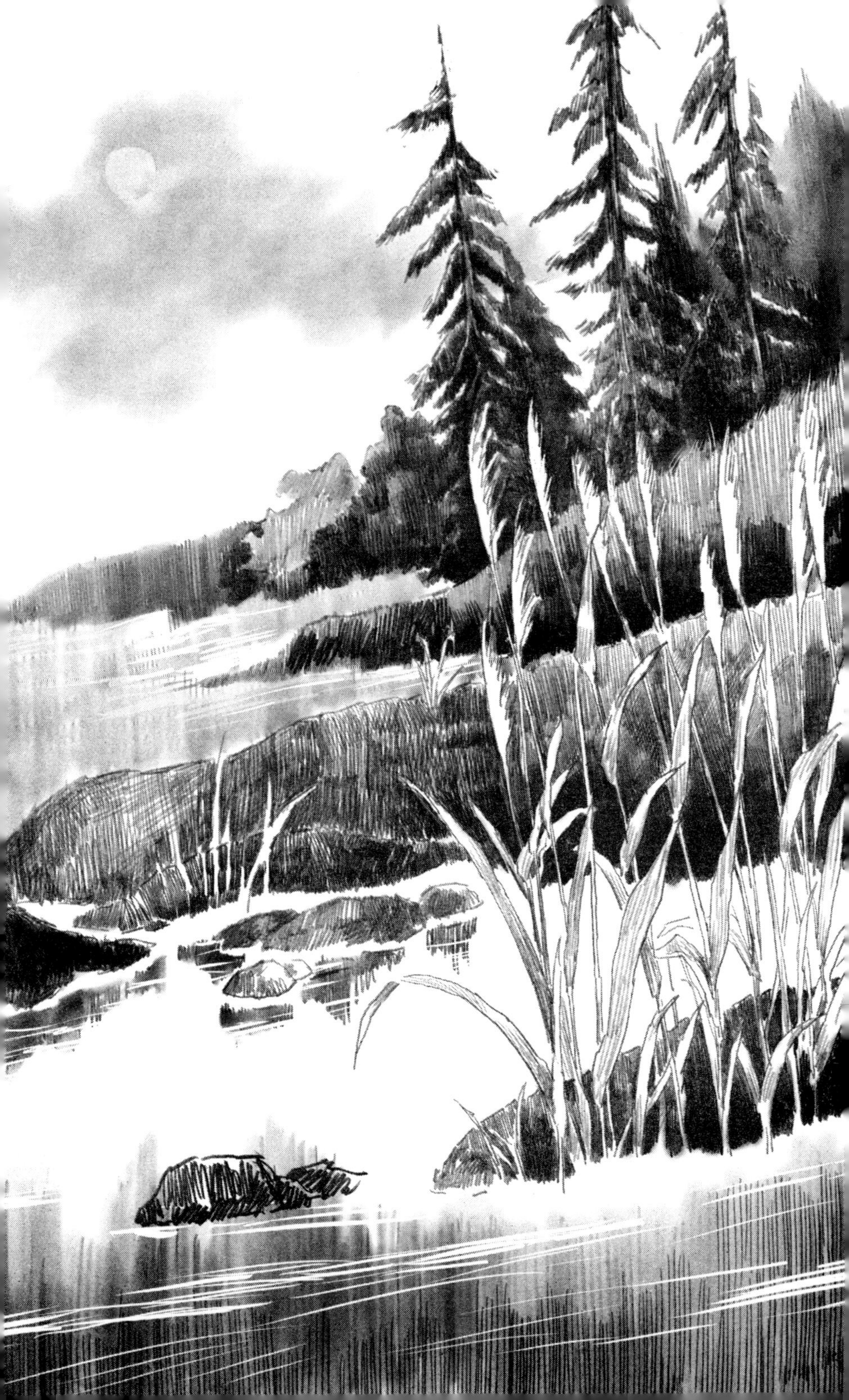

水到渠成，比喻新鲜。屠格涅夫的写作方法真是高明。

再来看他写石头，同前面说的蘑菇、树叶、夜色、声音等一切一样，都是司空见惯的东西，是我们熟悉的东西。那么，我们来看，在写过司空见惯的这一切之后，屠格涅夫还有什么新的方法：

这凹地的形状很像边缘倾斜正确的锅子，凹地底上矗立着几块很大的白石头——它们仿佛是爬到这地方来开秘密会议似的——这里是那么地沉寂、荒凉，天空是那么平坦、凄凉地挂在它的上面，竟使我的心都郁结起来。

石头"仿佛是爬到这地方来开秘密会议似的"，显然是这一段文字中最精彩的一句，非常新奇，又格外贴切。但是，我们要注意，荒凉的原野，沉寂的夜晚，是石头出现的背景，也就是说，如果背景不一样，石头的描写也就不会是一样的。在这样的背景中，石头才有可能爬到这地方来开秘密会议似的，那样地神秘，那样地孤寂，和周围的环境与气氛那样地吻合。

这是在荒原夜晚中的石头，如果要我们来写节日公园里的石头，还能说石头"仿佛是爬到这地方来开秘密会议似的"吗？显然不行了。那怎么写？可以说石头，可以说假山石，也可以扩而说公园里的花草树木:"仿佛是聚集在这里参加节日的联欢会似的。"

读书之后举一反三,化为己用,书就不再只是别人的,而成为自己的。我们就会轻而易举地学到方法,明白好的语言,是整体一致的,不是单摆浮搁的;注意了整体的环境、心境或语境,才会把语言调动得如鱼得水。对于熟悉的事物,自然就会有新鲜的表达方式。

这样的读书,才是有效的,有益的,也是快乐的。

> **推荐阅读**
>
> ☆【俄】屠格涅夫《猎人笔记》

三

熟悉的事物和自己的感情

再来读萧红的《呼兰河传》。这部作品中的有些片段,特别适合孩子读,不仅易读,而且易学。其中有一段,曾经题为《祖父的菜园》,选入小学生语文课本。我们来看萧红如何观察,又是如何用最准确、生动和富有情感、特色的语言,描写那些司空见惯的事物。

先来看《祖父的菜园》里的一段文字:

花开了,就像睡醒了似的。鸟飞了,就像在天上逛似的。虫子叫了,就像说话似的。

三个短促的句子,三个生动的比喻,却像和我们说话似的,将菜园里花开、鸟飞、虫鸣的情景写得活灵活现。

如果我们写"花开了,特别好看。鸟飞了,翩翩起舞。虫子叫了,叽叽喳喳的",是不是就特别没意思了?而她说花开像睡醒,多么新鲜;鸟飞像在天上逛,多么好玩;虫叫就像咱们人说话,让人多想听听虫子都在说什么,这么叽叽喳喳地闹,多么有趣,又多么吸引人。

再看下面紧接着写的:

> 倭瓜愿意爬上架就爬上架,愿意爬上房就爬上房。黄瓜愿意开一朵谎花就开一朵谎花,愿意结一个黄瓜,就结一个黄瓜,若都不愿意,就是一个黄瓜都不结,一朵谎花都不开,也没有人问它。玉米愿意长多高就长多高,它若愿意长到天上去,也没人管。蝴蝶随意地飞,一会从墙头上飞来一双黄蝴蝶,一会又从墙头上飞走了一个白蝴蝶。它们是从谁家来的,又到谁家去?太阳也不知道。只是天空蓝悠悠的,又高又远。

写得真好。她写了倭瓜、黄瓜和玉米,又写了蝴蝶,都是菜园里常见的,也是我们日常生活中常见的,熟悉的。可她为什么能够写得这样生动呢?

再仔细读一遍,在这一段里,没有一个比喻句,没有一个形容词,都是大白话,却把倭瓜、黄瓜、玉米和蝴蝶写得有了灵性,有了性格,有了情感。关键是萧红自己对菜园里这一切充满感情,她才能够写得这样富于感情。同时,她将自己那种自由活泼的天性,寄托在菜园里这些东西上,倭瓜也好,黄瓜也好,玉米也好,蝴蝶也好,才这样活泼可爱,充满自由自在成长的快乐:倭瓜愿意爬到哪儿就爬到哪儿,黄瓜愿意怎么长就怎么长,玉米愿意长多高都行,蝴蝶愿意怎么飞就怎么飞。普通的菜园被写得这样生机盎然又天性充沛。

这说明,无论写什么样的内容,人物也好,事物也好,一定要融入自己真实的感情,不能虚假;感情虚假,就不会写得这样生动。如果对所要描写的事物没有真正的感情,写出来的文字肯定就像牙膏一样,是硬挤出来的;或者是从作文参考书中摘抄下来的现成的漂亮词语,自然就不会鲜活。真实的感情,比漂亮的词汇更重要。

同时,这一段文字虽然和说话一样平易自然,却是有讲究、有变化的。倭瓜、黄瓜、玉米和蝴蝶四样,并非随便排列在一起,然后按照次序机械地说说而已。

我们来看,写倭瓜,她强调的是"愿意"和"爬";写黄瓜,虽然强调的还是"愿意",但她强调的是"结",区别于同样"愿意"的倭瓜,一个随心所欲地结果,一个随心所欲地不结果,形成了鲜明的对比。写玉米,她强调的是"高",和倭瓜、黄瓜又不一样了;而写蝴蝶,她强调的则是蝴蝶所飞的方向。最后是一个空镜头:"天空蓝悠悠的,又高又远。"

萧红用最朴素的语言,将我们最常见的最普通的事物,描写得这样美妙动人,值得我们学习。而且,她对自然景物充满真挚的感情,并能够用说话一般朴素自然又富于变化的语言,告诉我们她所看到的、感受到的一切。这是读这段文字,我们最需要体会的地方。

再来举几个小例子。

看萧红怎么描写六月天里那些菜花的红色:

> 这些花从来不浇水,任着风吹,任着太阳晒,可是却越开越红,越开越旺盛,把园子炫耀得闪眼,把六月夸奖得和水滚着那么热。胭脂豆、金荷叶、马蛇菜,都开得像火一般。其中尤其是马蛇菜,红得鲜明晃眼,红得它自己随时要破裂流下红色汁液来。

再看萧红描写那些各种各样的黄瓜:

> 在朝露里,那样嫩弱的须蔓的梢头,好像淡绿色的玻璃抽成的,不敢去触,一触非断不可的样子。同时一边结着果

子,一边攀着窗棂往高处伸张,好像它们彼此学着样,一个跟一个都爬上窗子来了。到六月,窗子就被封满了,而且就在窗棂上挂着滴滴嘟嘟的大黄瓜、小黄瓜,瘦黄瓜、胖黄瓜,还有最小的小黄瓜纽儿,头顶上正顶着一朵黄花还没有落呢。

要把这两个片段放在一起对照来读,看她如何写菜花的红,又是如何写黄瓜的绿。如果只是写红得似火,绿得像翡翠,还会这样生动吗?恐怕用上再多的形容词也会显得呆板。而萧红写红得鲜明晃眼似火还不够,要再加上一句"红得它自己随时要破裂流下红色汁液来",真的是红得浓烈,那样具有爆发力,铁板铜钹一般。

同样,她写了黄瓜"好像淡绿色的玻璃抽成的",但只是这样还不够,紧接着,她写道"不敢去触,一触非断不可的样子",是那样的怜香惜玉,是以主观的感受来写客观的事物。再接着,她写那些攀上窗棂的大小胖瘦的各种黄瓜时,用的是拟人,"好像它们彼此学着样,一个跟一个都爬上窗子来了",一直到把窗子封满。那样生机盎然,那样充满感情,充满了她不可遏止的浓郁的感情色彩。

再看她是怎么写歌声的。写歌声,一般人爱用歌声嘹亮呀,歌声感人肺腑呀,歌声余音袅袅,长久回荡在空中和我的心里,或者歌声让我想起了什么什么之类的。

萧红是这么写的:

> 那粉坊里的歌声,就像一朵红花开在了墙头上。越鲜明,就越觉得荒凉。

真的是动人,真的是新奇,让人叹为观止。歌声像一朵红花,是一个多么奇妙的比喻。她不说歌声长久地留在自己的心里,却说像红花开在墙头。她不说歌声消失了,余音袅袅,而说红花还开在墙头,是多么让人充满想象。她让歌声不只是能够听到,还可以那么鲜明夺目地被看到。

再看她写树木:

> 来了风,榆树先呼叫;来了雨,榆树先冒烟;太阳一出来,榆树的叶子就发光了,它们闪烁得和沙滩上的蚌壳一样。

我们也常常会把树和风雨、阳光连在一起写,一般会以此对比树的坚强或沧桑。而萧红则将风雨、阳光和树对应的自然景象,写得多么朴素,多么真切,但萧红和自然景物与生俱来的感情,已经蕴含其中了。特别是写太阳一出来，榆树的叶子就发光了，然后，她用了沙滩上蚌壳的比喻，将发出的光写得金灿灿，动人心弦。

她还有一段写阳光：

> 凡是在太阳下的，都是健康的、漂亮的。我们拍一拍手，仿佛大树都会发出声响；叫一两声，好像站在对面的土墙都会回答似的。

在这里，她没有正面写太阳，甚至连一个比喻句也不用，只是用最明白无误、朴素至极的语言告诉我们：在明亮的太阳光下，拍一拍手，树会发出声响；叫一两声，土墙都会应答。这就是萧红告诉我们的太阳光的健康和漂亮，这就是萧红笔下太阳光的独特魅力。这里的景物，都包含着萧红自己真切的感情，她把自己置身其中了。这里的阳光、大树、土墙，其实也是她自己。

自然景物不仅体现在写作中，也体现在我们的生活中，它们是我们生活乃至生存的背景；我们读书时也都离不开它们，它们会在写作中成为文章的律动和生命。在生活中，它们是我们心灵与情感沉淀和呼应的对应物；在写作时，它们是文本构成的重要一部分。

　　无论写什么样的景物、事物或人物，都要注意两点：一是要充满真实真挚的感情；二是要用朴素而自然的语言，不要只注重用漂亮却空洞的形容词。

> **推荐阅读**
>
> ☆ 萧红《呼兰河传》

四

模仿式阅读

还有一种阅读方法，是在写一篇命题作文，写一件事物或一个人之前，先找到合适的范本，来比照着读。所谓照葫芦画瓢，是一种有意识的模仿。模仿是必要的，是不可缺少的一个环节。模仿的范本，如同写大字的描红模子和字帖。几乎没有没经过最基础的训练就能习得书法的人。

我将这种阅读方法，称为模仿式阅读。目的性和针对性，都很明确。

我的孩子刚有作文课的时候，有一天，我从上海出差回家，给他带来一些礼物，他很高兴。我对他说：如果是你长大后出差回来，会给我和你妈妈带来什么好东西呢？如果给你一个作文题目《假如我出差回来》，你怎么写呢？他觉得很为难，不知道从哪儿写起。

对于一个刚开始写作文的小孩子来说，不会写很正常。这时，不能去硬写。这样写的结果，肯定不会如意，因为小孩子一头雾水，不知写什么，怎么写。这时，老师和家长需要做的，一是要给孩子讲解一下，提示一下，最起码要问孩子你最想给妈妈爸爸爷爷奶奶都带什么礼物呀，有了具体的礼物，孩子就好下笔一些。二是要推荐给孩子一些和这篇作文相关联的文章，看看人家是怎么写的，让孩子进行有意识的模仿。这样两条做到了，孩子的作文一定会有个好的结果；有了好的结果，孩子就会对作文有兴趣，有信心。所以，这两点很重要，目的不仅是模仿，还是为了激发孩子的兴趣和信心。

那时，我给孩子推荐了泰戈尔《新月集》里的那篇《商人》。这篇文字不长，我先让孩子全文抄下来，又让他背诵下来。这样，他对这篇文章里的文字很熟悉了。泰戈尔在文章里写道：

爸爸呢，我要带一支有魔力的笔给他，他还没有觉得，笔就写出字来了。

孩子便模仿写道：

我给爸爸买一支有魔力的笔，因为爸爸天天写文章，太累了。我给自己买一本宝书，一按电钮就能自动找到我要看的那一页。

显然,泰戈尔帮助了他。只不过,他把泰戈尔给爸爸的那支有魔力的笔的一部分魔力,留给了自己买的宝书,让自己可以一按电钮就能自动找到想要看的那一页。这很好,在模仿中,有自己的变化。如果没有这样依样画葫芦的阅读,这样的变化,便无从谈起。孩子怎么可以沙中建塔,凭空想出呢?

泰戈尔的文章中,还有一段写带妈妈渡海到珍珠岛:

那个地方,在清晨的曙光里,珍珠在草地的野花上颤动。珍珠落在绿草上,像被汹狂的海浪一大把一大把地撒在沙滩上。

孩子这样模仿写道:

我要给全家买一幢别墅。春天,百花盛开,争奇斗艳,有白的、黄的、紫的,还有红的;夏天,我们可以乘凉;秋天,红色的枫叶像火焰;冬天,大地铺上银色的地毯。别墅像花园一样美丽,我要让奶奶到这里呼吸新鲜空气,我要和森林里的小动物尽情玩耍。

孩子写的,和泰戈尔写的不完全一样,但显然是受到泰戈尔珍珠岛描写的启发。模仿,有这样的作用,在模仿中,尤其是在多次模仿中,会由此及彼,产生连锁反应,激发新的思路。

最后，孩子添加了一笔：

> 我还要买回一种仙草，谁有病，只要轻轻一闻，他的病马上就好了。

我明镜似的清楚，这是因为孩子刚刚读完苏联作家瓦·卡达耶夫的童话《七色花》，那里面的孩子把手中七色花中最后一瓣花给了那个有病的孩子，那个孩子的病马上就好了。这一句还是从模仿中得来的。

模仿式阅读，对于初学作文的孩子，就是这样重要，就是有这样神奇的功能和效果。

再举一个画家夏加尔写他父亲黄昏时下班回家的情景的例子。

夏加尔出生在俄国的维台普斯克。这是一个只有四万人口的小镇，四万人全都是犹太人。夏加尔的父亲是这个制作咸鱼的工厂的工人。夏加尔在自传里这样写：

> 瘦高的父亲，穿着因工作而污秽油腻，有着暗褐色手帕口袋的上衣回家，黄昏总是跟着他一起进来。父亲从口袋里拿出饼干、冻梨等，用布满皱纹的黑色的手分送给我们小孩子。这些点心总比那些装在漂亮盘子端上来的，更让人觉得快乐，更为好吃。我们一口气把它们吃完了。如果有一天晚

上,从爸爸的口袋里没有出现饼干或冻梨,我会觉得很难过。

只有对我,父亲才是非常亲密的。他有一颗庶民的心,那是诗,是无言的重压的心。

夏加尔这一段话,写得很朴素、简洁,让我看后好久都不忘。他写得好,好在哪里呢?他的语言表达方式很特别。

我们先看这一句:"黄昏总是跟着他一起进来"。一般我们说,黄昏时候,父亲下班回家走进家门。夏加尔不这样说,而是说"黄昏总是跟着他一起进来",由父亲做主语,变成了黄昏做主语,特定的时间,有了特定的意义,这个时候父亲人影的出现,是备受期待的,朴素的语言中便含有了感情。

我们再看这一句:"如果有一天晚上,从爸爸的口袋里没有出现饼干或冻梨,我会觉得很难过。"这是一种设想,可能真的出现过,也可能没有出现过。不管有没有出现过,这样的表达方式,让文字倒悬,摇荡出内心的涟漪,让看不见的感情化为了看得见的动作。

最后,我们看这一句:"他有一颗庶民的心,那是诗,是无言的重压的心。"这是对父亲感情的总结,父亲的心,是诗。从一位浑身满是咸鱼味道的贫穷的父亲的身上,从日常最平凡琐碎的日子里,夏加尔看到了一颗含有诗意的心,这样的诗心,不是缠绵、流淌着富贵人家雅致的韵脚,而是无言而重压。无言,又重压,是因重压而无言,这是他捕捉到的,更是他感受到的,因为他同样拥有一颗诗一样的心。

我们写作文,常常要在结尾的时候有一个升华。夏加尔这段文字的结尾,就是最好的升华。

有一次,一个读初二的男孩写他的父亲,有一段写父亲下班回家,进门就倒在沙发上看手机。看得出,他对他的父亲有些意见。这样写,也不是不行,通过这篇作文给父亲提提意见,让父亲以后下班回家,别光是看手机,而能有所改进。但他写得太简单了,即写得有些单薄。

我推荐这位同学读夏加尔写他的父亲的这段文字。我指出,首先,学习父亲黄昏时候下班的描写,如果一时想不出更好的,可以照抄夏加尔的,这也是一种模仿式的学习。其次,父亲回家就看手机,要有具体的描写,不能只写一句"进门就倒在沙发上看手机",就万事大吉。要像夏加尔写父亲给孩子带来小礼物的具体内容一样,父亲带来的小点心让他开心,这样有心情的描写。最后,还得有个总结,当然,有个升华就更好。

他听完后,点点头,说明白了。我说,那你就按照这三点,重新写你的这一段,看看有没有进步。

他写成了这样:

  黄昏总是跟着爸爸一起进来。进了家门,爸爸把皮鞋往地板上一甩，换了拖鞋，就一头倒在沙发上看手机。我知道，有时候他是在看朋友圈，有时候他是打游戏。他又不是我们小孩子了，还这样贪玩！妈妈把饭做熟了，都端上桌了，他还在看手机。我叫他："爸爸，吃饭了！"他头也不抬，不耐烦地说了句："知道了！"还看手机。妈妈生气地一把夺过他手里的手机，他才走过来吃饭。他有一颗孩子的心，那就是玩，是没玩够的心。

他写得不错，比原来简单的一句话，要具体丰富得多了。看得出，夏加尔的文字启发了他，平常爸爸回家就看手机的样子，一下子在他眼前浮现，他写起来就不困难了，而且，写得生动多了。也看得出，他有意识地模仿了夏加尔的一些写法，包括结构和一些句式。特别是模仿夏加尔的结尾："他有一颗庶民的心，那是诗，是无言的重压的心。"他写成："他有一颗孩子的心，那就是玩，是没玩够的心。"非常风趣。

这样很好，模仿式阅读的效果，就达到了。

> **推荐阅读**
>
> ☆【印】泰戈尔《新月集》
>
> ☆【苏联】瓦·卡达耶夫《七色花》

五

读写之间三原则

在最初模仿的学习训练后,要扩充范围,让阅读如水逐渐蔓延开来,以打开学习的思路,作为写作必备的参照物和进步的阶梯。在这里,选择文章或书,需要注意的是:

第一,都不宜太长,因为学习压力大,没有那么多的课余时间。

第二,都要适合自己的兴趣爱好,每个人不一样,不要随大流,盲目依赖媒体或名人所推荐的书目。

第三,不一定是名篇名著。名篇名著当然好,但要因人而异,要有一个由浅入深的过程,不要鄙薄名不见经传的无名作者,不要看不起短文简章。很多名著都是大部头,我小时候看不懂,也没有兴趣,就没有读,相反一些短小的文章,一些当时并不知名的作者的作品,比如韩少华、李冠军的散文,任大霖、萧平的小说,潘漠华、应修人的小诗,我很爱读,而且在笔记本上抄了好多,这对我的写作帮助非常大。

关于初学写作者读书,这是我提的三点建议,也可以说是读书三原则吧。我们要有足够的耐心和细心,才能在阅读和写作之间找到平衡,找到适合自己的老师和范本。

在这里,我举四个例子,看看能不能进一步帮助我们,进行这样由浅入深的阅读训练。

一个是李秀儿写的《谷堆堆》中垛草垛的一段:

手握一根细细长长的白杨树杆,就像一个撑竿跳高的运动员。他每挑一个草把儿,往上扬起,那草把儿就像跳高运动员一样,借着撑竿的弹性,噌地飞跃过横竿,潇洒着地,动作飘逸,真让人着迷。

这一段很简单,我们主要从中学习如何描写动作。在描写具体动作的时候,如果用抽象的形容词,动作就变得很模糊了。比如我们写跑,爱说快如风,离弦的箭;我们写跳,爱说跳得真高,或再夸张地说一句:快跳到天上去了。读这一段,看看作者怎么样把动作写得具体又生动。

实际上,作者只用了一个比喻,撑竿跳高,便让垛草垛的动作一下子富有了画面感。作者还充分借用了撑竿的弹性,让飞跃的草把儿有了运动员生动活泼的形象。我们完全可以学习这样的方法,也去寻找这样一种和所要描写的动作相吻合的形象,而不再只是单一地描写动作本身。

再来看苏童写的散文《雨的声音就是瓦的声音》。其中有这样一段:

> 青瓦上的雨声确实像音乐,只是隐身的乐手天生性情乖张喜怒无常,突然地失去了耐心,雨声像鞭炮一样当空炸响,你怀疑如此狂暴的雨是否怀着满腔恶意,然后忽然它又倦怠了撒手不干了。于是我们只能听凭郁积在屋檐上的雨水以其惯性滴落在窗门外,小心翼翼地,怀着一种负疚的感觉。

这是写雨。他把雨放在瓦上来写,就像邀请了瓦来和雨演对手戏,这是个好方法,比单一写雨好写多了。所谓一个巴掌拍不响,两个巴掌,就容易拍出响声。

我们仔细读,会发现他写雨有这样四个层次:一、雨开始像音乐;二、后来像鞭炮;三、最后雨停了;四、雨的余声。

这四个层次,呈递进的关系:雨像音乐—引出乐手(隐身的)—乐手性情乖张—引出雨大得像鞭炮炸响—乐手撒手不干了,雨停了—房檐上的雨水滴落下来,有种负疚感。在这样从下雨到雨停的层层推进过程中,起主导作用的就是这位隐身的乐手,而这位隐身乐手,都是和瓦有关。没有瓦,乐声也就没有了,隐身乐手的比喻也就不成立了,可以说,瓦也是隐身乐手呢。因有了这样拟人的乐手,并且乐手有其明显的性格存在,雨也有了性格,从开始像音乐,到中间狂暴满腔恶意,到最后负疚的不好意思。写得层次分明。

层次分明是写作的基本要求。我们再写雨或雪的时候,也可以学习这样层次分明的写法。当然,如果我们能够再从中学到用拟人并互动(雨和瓦)的方法,再加入层次分明的写作中,就会让文章锦上添花,更加出色。

在苏童的这则文章中,他借助瓦来完成与雨的对应,让瓦的声音呼应雨的声音。我想起诗人马雅科夫斯基写过的小诗《你是否能够》:

而你是否能

用排水管充作长笛

吹奏一支夜曲?

下雨的时候,落在房顶上的雨水,自然会从排水管里流走。马雅科夫斯基没有借助房顶的瓦,而是借助排水管来对应雨。然后,他形象地把排水管比喻成长笛,让长笛吹奏的夜曲呼应雨声,多么的新鲜又美妙!

当然，这样的学习需要锻炼，有意识地多读一些文章，写文章时一篇作文多写几次，便肯定会有所进步。

第三个例子，是赵丽宏的《江南的水》。他写的是水，这也是我们常常要写到的，不管是湖水、河水、江水，还是海水，常会在我们的作文中遇到有关它们的描写。我们来看看赵丽宏是怎么写的：

> 西湖的水，有时候总感觉是太静了一点，太安分了一点。这时，便会想起九溪十八涧那些清澈活泼的流水……
>
> 如果把江南的水都想象成西湖这样的静水，或者是九溪十八涧这样的细弱之水，那也是错。江南的水，也有雄浑壮阔的气象……太湖的万顷波涛，常常使我想起浩瀚的海。碰到有风的日子，湖面翻涌起万顷波涛，涛声阵阵，犹如浑厚的鼓号，让闻者顿生豪气，心中的慵困委顿被荡涤得干干净净。
>
> 如果这样的水还嫌气势不够，那好，还有更壮观的。到农历八月十八，到海宁看"钱塘潮"去。那汹涌而来的大潮排山倒海，惊天动地，咆哮的浪涛崩云裂石，可以让胆怯者魂飞魄散，也可以让豪爽者心旷神怡。这潮水，不仅在江南，就是在中国，在世界，也是罕见的奇观。看过这样的潮水，

有谁还会说江南的水都是柔弱之流呢？

我们会发现，和苏童写雨有四个层次一样，赵丽宏写水，也分了四个层次：一、西湖的水，安静；二、九溪十八涧的水，细弱；三、太湖的水，浩瀚；四、钱塘江的潮水，壮观。和苏童略有不同，这四个层次，除了递进，更多的是对比，或者说是在四种水之间的对比中层层递进，最后达到"有谁还会说江南的水都是柔弱之流呢"的高潮。反问句式，一把收拢了前四个层次，让结尾有了力度。

我们再写到一种水的时候，也可以学习这样的方法，不仅递进，更要引进别的多种多样的水进行对比。比如我们要写庐山瀑布，可以将贵州的黄果树瀑布、广西的德天瀑布、陕西的壶口瀑布，以至美加交界的尼亚加拉瀑布等，写进我们的文章；比如我们要写北京公园里的湖水，可以将龙潭湖、玉渊潭、昆明湖和香山公园里的眼镜湖等，拉来一起做比较……这样一写，就会由此及彼，生发出很多新的联想，新的发现，新的感慨，要写的东西，要说的话，就一下子多了起来。

最后，举汪曾祺先生《岁寒三友》的例子。在这篇小说中，他写了三个朋友，其中一个叫靳彝甫。有一段写他是如何珍爱他的宝贝——三块田黄印章的：

他有一盒爱若性命的东西,是三块田黄石章。这三块田黄都不大,可是跟三块鸡油一样!一块是方的,一块略长,还有一块不成形。数这块不成形的值钱,它有文三桥刻的边款。文三桥啊,可着全中国,你能找出几块?有一次,邻居家失火,他什么也没拿,只抢了这三块图章往外走。吃不饱的时候,只要把这三块图章拿出来看看,他就觉得这个世界没有什么可抱怨的了。

这是将"爱若性命"形象化描写的典型范例。我们自己也有珍爱的东西,我们也常常说这个"爱"字,或"爱若性命"这个词儿。但是,如何将这个字及这个词儿写得形象动人?文中失火和饿肚子的情况下他对三块田黄章的态度和做法,如同电影里的三个特写镜头,成为"爱若性命"这个词儿最形象化的说明。

读完这段,我想,如果我也来写一段我非常喜爱的一种东西的话,该怎么写?

我试着写了这样一段:

读小学的时候,姐姐送了我一支钢笔,笔帽上印着好几只漂亮的小鸟,每一只鸟的样子都不一样,羽毛的颜色也不一样,笔杆上旋转着印着好多朵花,样子和颜色也都不同。

如果把笔帽转一转,就会有不同的鸟落在不同的花朵上面。我特别喜欢这支钢笔。刚拿到这支钢笔的那天放学回家,我忍不住从铅笔盒里拿出钢笔看,没看见前面有块砖头,绊了一跤,钢笔甩出老远,爬起来,赶紧拾起钢笔看,没被摔坏,心里踏实了。回到家,才发现腿摔破了,还起了个大包。这时候,才觉得疼。

读得多了,读得细了,读得深了,自然就会学到很多写作的好方法。只有读,才会让我们在动笔写的时候,思路变得开阔一些,写的方法多一些,乐趣也多一些。

▶ **推荐阅读**

☆ 李秀儿《谷堆堆》　　☆ 苏童《雨的声音就是瓦的声音》
☆【俄】马雅科夫斯基《你是否能够》　☆ 赵丽宏《江南的水》
☆ 汪曾祺《岁寒三友》

第四课

抄比写重要

一

越早抄书越好

传统的语文教学讲究抄书和背书。这似乎有些机械,有些老套,被人称为死记硬背,认为妨碍学生主观能动性的发挥。我却觉得学生时代,尤其是中小学时候,适当地抄书和背书,还是十分必要的,有益的。即使有些书,当时并未完全看懂,抄录或背诵下来,只能留下似是而非的朦朦胧胧的印象,也会对一个人最初的读书和写作起到潜移默化的作用。过去讲究书香剑气,指一文一武。书香如同花香,可以袭人、熏陶人。最初抄书背书的时候不懂其意,没有上心,但书香已经萦绕在身,影响于心了。

这里,主要谈抄书。我觉得抄书对于写作更重要,背书不可能背那么多,但抄书可以比背书更多一些的。抄一遍,和读一遍的作用不一样。抄一遍,是一个字一个字地抄写,必须过一遍脑子。抄得多了,自然就容易从中学到一些东西,所谓多能生熟,熟能生巧,巧能生花。

现在，语文老师和家长，还是要求并鼓励孩子抄录一些东西，孩子们为写作文，也会抄录，大多只是抄录一些好词好句子。当然，这样也是好的，只要是抄，就比不抄强。但是，仅仅这样是远远不够的。要做到有意识地抄录整篇文章或片段，不能局限于好词好句子，因为好的作文，单靠好词好句子，是不够的。抄录整篇文章，会让我们的阅读水平有整体的把握和提高，同时也会加强我们学习耐性的磨炼，也就是老师家长常说的——屁股要坐得住。

所幸我现在还保存着读中学时抄录的厚厚两本日记本的文章，离我读中学已经过去了近六十年，恍然如梦，却是真实的存在。我想请大家看看我当年都抄录了些什么。尽管时代不一样，那时候的抄录有其局限性，也略显幼稚和盲目，总还是有点儿参考的价值。给同学们一个参照物，和你们的语文学习做个两代人之间的比较吧。如果能增添一些你们抄书的兴趣，明白在最初学习写作的阶段抄比写更为重要，就是最好的事情了。

这两本笔记本里，基本上是我在高一那一年抄录的文章——有整篇文章，有片段，有语录，就是没有好词。居然抄录了满满的两大本，一页都没有落下。那时候的我胃口真大，求知的欲望真强，恨不得从书里摘下满天的星斗和满园的花朵，统统装进笔记本里。

第一本的第一页，抄录的是作家柯蓝的散文诗集《早霞短笛》

中的好多首,第一首是《困难》:"向困难伸过手去吧,在生活中这是你最好的朋友!"

最后一页,抄录的是殷夫的组诗《无题》和他的另一首诗《是谁又……》,其中有这样的诗句:

> 是夜间的时辰,
> 火车频频的尖叫声音,
> 楼上有人拉着胡琴,
> "馄饨……点心……"
> 有牌儿声音,
> 乞儿呻吟
> ——都市的散文。

这样的诗,即使现在读,也让人感动。"牌儿声音",指楼上有人打麻将,可以读出"朱门酒肉臭,路有冻死骨"的悲愤之情。

下面,除去古诗文,将所抄录的现代诗文的目录摘录如下。

诗歌——
潘漠华、应修人的小诗
郑振铎的小诗
汪静之《蕙的风》

刘大白《春问》《旧梦》《给——》《西风》

朱自清《煤》《光明》

闻一多《一句话》

臧克家《有的人》

闻捷《我思念北京》

张万舒《黄山松》

韩北屏《谢赠刀》

贺敬之《放声歌唱》《桂林山水歌》

戈壁舟《延河照旧流》

严阵《江南曲》

袁水拍《论进攻性武器》

山青《在动物园里》

任大霖《我们院里的朋友》

张继楼《夏天来了虫虫飞》

陈伯吹《珍珠儿》

徐迟《幻想曲》

于之《小燕子》《知了》

张书绅《课间》《灯下》

柯蓝《教师的歌》

刘饶民《大海的歌》

散文小说——

鲁迅《生命路》

叶圣陶《春联儿》

朱自清《匆匆》《月朦胧鸟朦胧帘卷海棠红》

冰心《往事》《说几句爱海的孩子气的话》《笑》《梦》《樱花赞》

许地山《梨花》《面具》

茅盾《天窗》

丰子恺《杨柳》

郭沫若《丁东草》《山茶花》

陈学昭《法行杂记》

郑振铎《蝉与纺织娘》

柯蓝《奇妙水乡》

郭风《木棉树》

徐开垒《竞赛》

芦荻《越秀远眺》

韩少华《序曲》

李冠军《夜曲》

陈玮《老教师》

鞠鹏高《锦城晚花曲》

谢树《雪》

刘湛秋《小园丁集》

应田诗《手——学校散歌》

刘真《长长的流水》

任大霖《水胡鹭在叫》

柔石《二月》

孙犁《铁木前传》

老舍《月牙儿》

萧平《三月雪》

外国文学——

泰戈尔《吉檀迦利》《游丝集》

萨迪《蔷薇园》

壶井荣《蒲公英》

马雅科夫斯基《败类》

第二本的第一页,抄录的是刘厚明的很长的小说《在音乐课上》。下面这些文章大多整篇都抄录了:

韩少华《寻春篇》《花的随笔》

易允武《致雕刻店(外一章)》

沈尔立《桥》

洪洋《三峡风景》

牧惠《夜行》

万一《山中黎明》

任大霖《渡口》《打赌》

骆雅《给姐姐》

夏守本《蚕和纺织娘》

刘真《大雁飞来了》

朱自清《细雨》

穆门《第一片雪花》

丽砂《春天颂》

郭风《叶笛三则》

袁宏道《游记二则》

谢树《湖中月》

宗白华《小诗一组》

李伏伽《夏三虫》

李冠军《共同的心愿》《迟归》《球场外面的掌声》

冰心《一个兵丁》

蔡根林《给画线的工友》

母国政《师范生的心》

陈辉《我的自愿书》

田间《假如我们不去打仗》

鲁迅的旧体诗一组

田仲济《冰心的思想和创作》

冯健男《孙犁的艺术》

秦牧《艺海拾贝》（片段）

……

事情过去了将近六十年，重新翻看这些篇目和这些作者，有些已经记不得了，但笔记本上抄写的字迹，分明是我的。坦率地讲，学习任何东西都是一样的，不可能记住所有。都是狗熊掰棒子——这句俗语一直用作贬义，其实，不见得。掰得多，丢得也多，是实情，最后抱在怀里的，只剩下几个——剩下几个，也是好的，最怕的是什么都丢掉了，一个也没有剩下。况且，在掰棒子的过程中，我们也不是一无所获，我们见识了青纱帐，闻到了玉米棒子的清香，付出了掰棒子的辛苦。

对于我，无论记住的，还是没有记住的；无论是有名的，还是无名的，今天重新看着破损的笔记本上他们的名字，我心有所动，我应该感谢他们。是他们在我青春期饥不择食、杂乱无章、蜻蜓点水的阅读中，给予我非凡的营养；在润物无声的潜移默化中，让我亲近并认知文学，让我有了日后的一点点进步。

记得我当时全文背诵过张万舒的《黄山松》和闻捷的《我思念北京》。就是到今天，我也能够完整地讲述徐开垒的《竞赛》、韩少华的《序曲》、任大霖的《打赌》、萧平的《三月雪》、袁鹰的《在密西西比河，一个黑孩子被杀死了》和刘真《长长的流水》里的《核桃的秘密》。我应该庆幸自己没有像狗熊一样，把掰下来的棒子全部丢掉。可以说，当时，如果没有这些抄录和背诵，我便不会那么喜欢写作文，更不会写好作文。

那时候，相比小说，我更爱读散文和诗。可见那时我审美的局限，以及内心对文学样式和表达的偏爱。有意思的是，我读了不少的诗，也抄了不少的诗，背了不少的诗，普希金、莱蒙托夫、雪莱、闻一多、郭沫若的诗，我却不那么喜欢，而偏偏喜欢泰戈尔、萨迪、冰心、郑振铎、汪静之、潘漠华、应修人的小诗。从读了冰心的小诗《繁星》《春水》和泰戈尔的《飞鸟集》《游思集》开始，我就在学校图书馆那间书库里，疯狂地寻找这些小诗。

"春天把花开遍就告别了。"——这是泰戈尔的。

"已上了电车，还不知要到什么地方去。"——这是郑振铎的。

"我每晚临睡前，要向挂在帐上的白莲图说：当我梦中和恋人相会，请你的清香把我俩熏醉。"——这是汪静之的。

"七叶树呵，你穿了红的衣裳嫁给谁呢？"——这是潘漠华的。

特别是应修人的小诗，记忆中依旧那么清晰并清新。应修人和潘漠华是五四时期牺牲的两位烈士。牺牲的时候，他们一个只有33岁，一个只有32岁。我曾经在笔记本上抄了应修人的小诗《柳》，全诗一共只有五行：

几天不见，

柳妹妹又换了新装了

——换得更清丽了！

可惜妹妹不像妈妈一样疼我，

妹妹，总不肯把换下的衣给我。

应修人用孩子的眼光，看待春天刚刚回黄转绿的柳树。他把柳树清丽的枝条比作自己的小妹妹，是因为他想起了妈妈，想起妈妈的疼爱。他写得那么委婉有致，将孩子的感情表达得那么活泼俏皮，又那么清新可爱。当时，我想，这么充满天真童心的诗人，怎么可以遭到屠杀呢？他才33岁呀，那么年轻！想到这儿，我心里真的是充满悲伤。

当然，抄录的这些文字，有些当时并没有看懂，或者是似懂非懂、不懂装懂。不管怎么说，抄录下来这些文字，对于我就是一种磨炼，就像跳进了水里，不管会游泳还是不会游泳，起码扑腾了一遍，沾惹上一身水花，试探了一番水的深浅。

笔记本上面的那一行行的钢笔字，尽管写得幼稚，却一笔一画，很认真呢。那上面有一个高一学生的学习和心情的密码。

抄书，对于我当时的作文来说，是一种可以现趸现卖照葫芦画瓢的学习，是一种激发和激励。对于我以后的文学写作来说，这也是一种最初的准备。可以看出,这些准备,起点并不高,并没有古今中外名著的引领,稚拙却是发自真心的,清浅却是透明的,是潜移默化的,是日复一日的,而不是为准备而准备,不是像应对考试的那种准备。重要的是,抄书,对当时的作文真的是帮助很大。而且,希望大家明白,抄书,真的是越早越好!我总觉得自己高一时才开始抄书,有些迟了。

二

中学时代抄书是重头戏

我想说说抄录的李冠军的《迟归》。《迟归》的开头:"夜,林荫路睡了。"感觉是那样地美,格外迷人。一句普通的拟人句,我读后心里竟然充满纯真的想象和感动,至今记忆犹新。

文章写的是一群下乡劳动的女学生回校已经是半夜时分,担心校门关上,无法回宿舍睡觉。谁想到校门开了,传达室的老大爷特意在等候她们呢,出门迎接她们时却说:"睡不着,出来看看月亮!"女孩子们谢过他后跑进校园,老大爷还站在那里,望着五月的夜空。文章最后一句写道:"这老人的心,当真喜欢这奶黄色的月亮?"尽管现在读来,这样写有些刻意,但传达室的老大爷发自内心对学生的那种良善感情,当时在我的心里漾起感动的涟漪。月亮也可以是奶黄色的,这也是我当时心里涌出的感觉。

即便过去那么多年,重新看到当年的抄录,尽管钢笔纯蓝色的墨水痕迹已经变淡，一切仍立刻清晰地出现在眼前。那个五月的夜晚，那个奶黄色的月亮，那个传达室的老大爷，所弥漫起的那种美好的意境，总会在我心中浮动。

难忘的还有抄录下来的徐开垒的散文《竞赛》，文章开头的第一句："记忆有时真像一位不速之客，往往在我们不经意的时候，它就会来敲我们的心灵之门。"当时，这句话和孙犁在《铁木前传》里写过的"童年啊，你的整个经历，毫无疑问，像航行在春水涨满的河流里的一只小船。回忆起来，人们的心情永远是畅快活泼的。"成为我描写童年回忆的作文开头的两个范本。

《竞赛》这篇散文，写的是作者十五年前学生时代的一段有趣的回忆，他和他的女同桌，在学习中竞赛，默默较劲。每一次发下考试卷子，她总是问"我"考了多少分，"我"总是比她少了一分，心里带着一份天真的嫉妒，但为下一次考试，有了加倍用功的动力。十五年过后，这位同桌被评为优秀人民教师，让"我"惭愧，觉得在这一次的竞赛中又落伍了，尴尬而难受，面对她的微笑，还带有一份嫉妒的心情。文章最后写道："我希望能像过去一样，收拾起这一份嫉妒的心情，作为下一次加倍用功的动力。"

这篇散文，当时我特别喜欢。那种少男少女学习与情感之间的微妙描写，那种青春勃发向上的劲头儿，让我感同身受，觉得写得特别地好，我还模仿着写下了我和同学在学习上的默默较量和感情中的朦胧碰撞。

中学阶段抄书的重头戏,是冰心的著作。在学校藏满旧书的书库里,我从堆积成山的书丛中,找到了冰心以前在开明书店出版的所有的文集,包括她的两本小诗集《繁星》和《春水》。不管读懂读不懂,我如饥似渴地读完了她的每一本书。一边读,一边做笔记,抄录了很多文章。我还专门抄录了《繁星》《春水》两本诗集和散文集《往事(二)》。如今,旧抄重读,就像我曾经抄录过的冰心的一段话说的那样:"这回忆,往往把我重新放在一种特别浓郁的色、香、味之中,使我的心灵,再来一阵温馨,再起一番激发。"

其中一篇《说几句爱海的孩子气的话》,我不仅全文抄录,还曾经全文背诵过。在这篇文章中,冰心拿山和海做对比,从颜色、动静、透视力等几个方面比较,都是海把山比了下去。这种对比法,对我写作文帮助真的很大。

对比来写,总会比单一来写要好很多。有一次,我写作文写到南口农场劳动,是在山上挖坑种苹果树,山上石头多,很难挖,但想到种的苹果树将来要结果,大家的心劲和干劲都很高涨。我学习了冰心的这种对比法,在写想象将来苹果树结果的时候,将苹果和杏和桃和梨和枣对比,觉得苹果比杏要甜,比桃要脆,比梨要红,比枣要大……一下子,词儿多了起来;挖坑种树,干起活儿来，也更来劲了。

还有抄录并背诵过的《往事（二）》中的一节：

> 今夜的林中，决不宜于将军夜猎……
> 今夜的林中，也不宜于燃枝野餐……
> 今夜的林中，也不宜于爱友话别，叮咛细语……
> 今夜的林中，也不宜于高士徘徊，美人掩映……
> 今夜的青山，只宜于这些女孩子，这些病中倚枕看月的女孩子！假如我能飞身月中下视，依山上下曲折的长廊，雪色侵围阑外……有如水的客愁，有如丝的乡梦，有幽感，有彻悟，有祈祷，有忏悔，有万千种话……

这些如诗如画有着动人节奏的美妙语言，当时是那样让我感动，吟咏不已。这些文字像美妙动人的音乐旋律一样，柔肠绕指般在我心里低徊，让我充满对未知世界的朦胧又美好的想象。我好像总有一种感觉，将要发生一些什么，就在今夜的林中，就在明天的雪中……这些感觉、感动和似是而非的憧憬，深深镌刻在我青春的记忆里，不仅化为我写作的营养，更成为我成长的助力器。

抄书、背书，虽然这方法比较笨，需要一个字一个字地抄，一句话一句话地背，但真的有用，像农民种地的时候，非要从地头走到地尾，撒下一粒粒的种子，流出很多汗水，付出很多辛苦，秋天的时候，才会有庄稼的收获。

> **推荐阅读**
>
> ☆ 李冠军《迟归》　　☆ 冰心《往事（二）》
> ☆ 徐开垒《竞赛》

三

让抄书成为一种习惯

我在北大荒生活了六年。那时候,找书读,远不如现在方便。但是在好心人的帮助下,我还是找到了不少书,读书、抄书,成为寂寞荒凉生活中的一种调剂,让荒芜的心燃起一点希望。

我找出了抄录的这几位作家的笔记。

首先是契诃夫的短篇小说《带阁楼的房子》里的两段。契诃夫让画家和米修斯分别之后,有两大段抒情。一段写心情,写画家看米修斯的阁楼:

它那阁楼上的窗子像一双眼睛似的瞧着我,好像它什么事情都了解似的……米修斯就住在里面,明亮的光在那儿的窗子里闪现了一下,接着变成了柔和的绿色,那是因为灯上加了一个罩子,人影在移动。

一段写景,写画家归途中夜色里的花园:

将近一个钟头过去了,脸上的光熄灭,人影看不见了。月色高挂在房子上空,照亮沉睡的花园和小径。房子前面的花坛里,大丽花和玫瑰花可以看得很清楚,好像都是一种颜色。

第一段,窗子像眼睛,是个比喻,并不新奇,但后面说这眼睛好像什么都看见,什么都了解似的,把刚才画家和米修斯在一起的情景写了出来,把画家的心情写了出来。也就是不要在比喻面前止步,要沿着这个比喻再延伸下去写一点儿。下面写灯光,目的在于写人影,写的还是画家的心情,对米修斯的关注、依依不舍。

第二段,他不说灯光熄灭,而是说脸上的光熄灭了,主观镜头还是画家的特写。最后一句写得最新鲜,"大丽花和玫瑰花可以看得很清楚,好像都是一种颜色。"记得当时抄完这句,我心里在想,大丽花和玫瑰花本来应该不是一种颜色,为什么说是一种颜色呢?想了想,是夜色中的缘故。虽然过去了那么多年,当时心里这样的一闪念,居然还记得清楚。抄过的书,就像交往过的朋友,即便久别,友情尚在。从那以后,夜晚走路看花,常常看那些五颜六色的花,还真的是一种颜色,便会想起契诃夫的这句话。写作中的观察多么重要,又是多么有趣。

还抄过泰戈尔的《沉船》中的一段:

四周没有任何生物活动的形迹。月亮落下去,长满庄稼的田野小径现在已看不清了。但卡玛娜仍然圆睁两眼站在那里凝望。她不禁想道:"有多少女人曾经提着水罐从这些小路上走去啊!她们每一个人都是走向自己的家!"家!这个思想立刻震动着她的心弦。她在什么地方能有一个自己的家啊!但是,是什么地方呢?

这是小说中的女主人公卡玛娜对家的想念和渴望,和我那时的心情相似。当时,我在生产队的猪号喂猪,在同样月亮落下去的黑暗的夜晚,在比卡玛娜那时凝望的田野小径还要荒凉的田野上,面对我们猪号前通往队里去的那条羊肠小道。小道两旁长满萋萋荒草,也开放着矢车菊或紫云英之类零星的野花,通过那条小道可以走到去场部的那条土路上去,便可以再到一百多里地以外的富锦县城,和几百里以外的佳木斯市,一点点接近家。当时写日记,写到想家的时候,用的就是泰戈尔这样的写法。

还抄过屠格涅夫的《猎人笔记》中的片段:

舒展着白云上面的细边,发出像小蛇一般的闪光,这光彩好像炼过的银子。

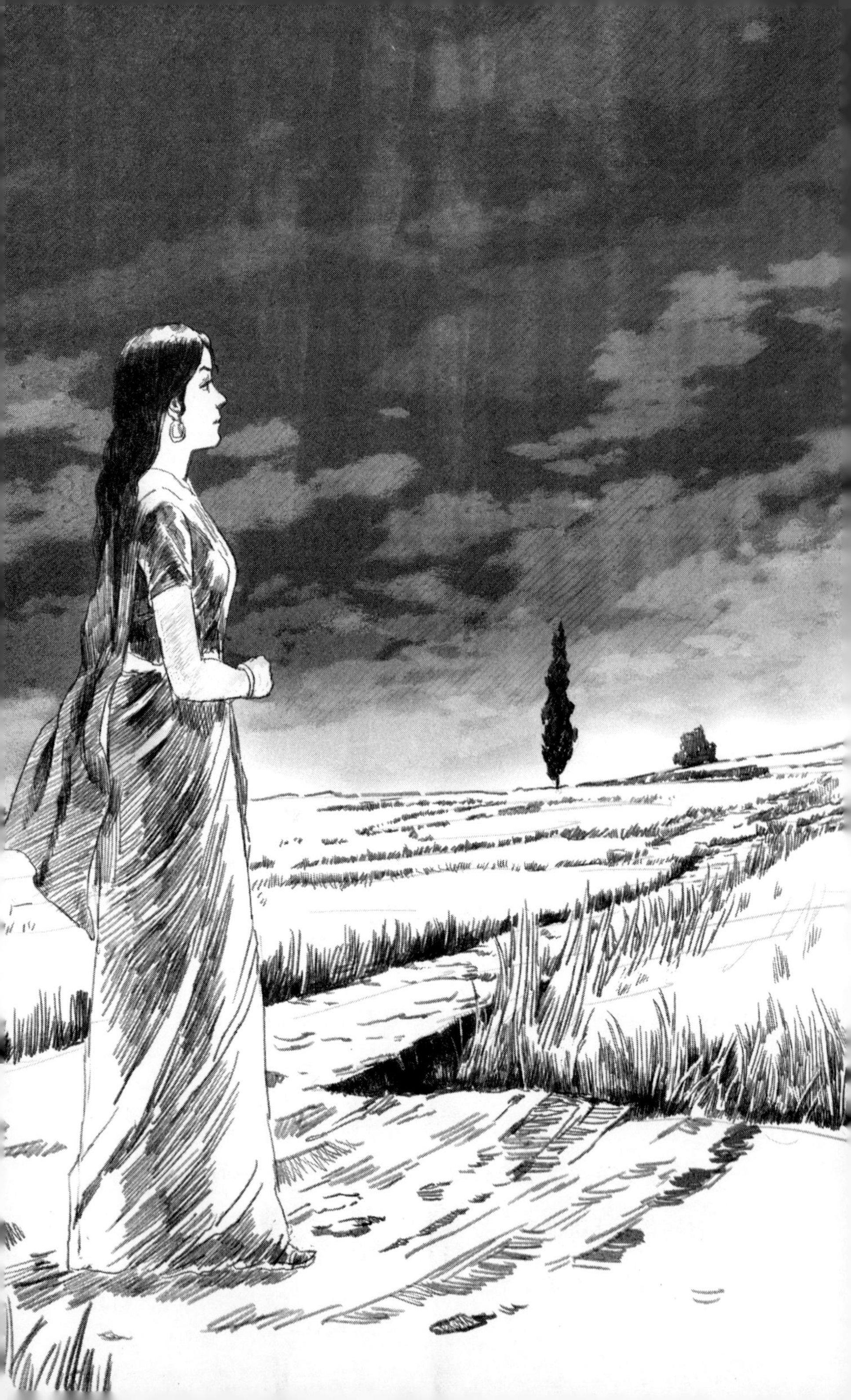

到了正午的时候，往往出现许多镶着柔软白边的、金灰色的、圆而高的云团。这些云团好像许多岛屿，散布在天边泛滥的河流中，周围环绕着纯青色的、极其清澈的支流，它们停留在原地，差不多一动不动；在远处靠近天际的地方，这些云团相互移近，紧挨在一起，它们中间的青天已经看不见了；但是它们本身也像天空一样是蔚蓝色的，因为它们都浸透了光和热。

那时候，觉得屠格涅夫写的风景，有些像我们的北大荒的风景。他写的云，像白天看到过的北大荒的云彩。不过，我似乎并没有看到过他说的那种像小蛇一般闪光的云彩，像炼过的银子一般的云彩，像许多岛屿一般的云彩，像天空本身一样的蔚蓝色的浸透了光和热的云彩。白天，我会在喂猪或放猪的时候仔细观察天上的云彩。猪在猪栏里或在草地上悠闲地吃食，荒原上悬挂着的天空显得很低。云彩有时雕像一样一动不动；有时流云浮动，像演电影一样，一会儿变成了马，一会儿变成了羊，一会儿变成了神话中的老爷爷，一会儿白得像是小孩光着的白屁股……许多新的发现伴随着快乐，就是这样扑满心头，让我有了一种自得的收获，很多写作中的体会，就是这样产生，涌到笔端的。

他写草原上的篝火，也写得非常生动新奇：

> 有时候，当火焰软弱而光圈缩小的时候，在迫近过来的黑暗中突然出现一个有弯曲的白鼻梁的枣红色马头，或是一个纯白色的马头，迅速地嚼着长长的草，注意地、迟钝地向我们看看，接着又低下头，立刻不见了。只听见它们继续咀嚼和打响鼻的声音。

冬天，我们在地里拉豆子的时候，或在场院上脱谷的时候，常常也会燃起一堆篝火取暖。这时候，想起屠格涅夫所说的那些白鼻梁的枣红色马头、纯白色的马头般的火焰，那些篝火熄灭后它们还在继续咀嚼和打响鼻的声音，我感到很新奇。北大荒的那些荒凉和寒冷，仿佛也变得温暖了许多。

屠格涅夫还有一段关于夜声的描写：

> 突然，远处传来一声冗长的、嘹亮的、像呻吟一般的声音。这是一种不可名状的夜声。这种夜声往往发生在万籁俱寂的时候，升起来，停留在空中，慢慢地散布开去，终于仿佛静息了。倾听起来，好像一点声音也没有，然而还是响着。似乎有人在天边连续不断地叫喊，而另一个人仿佛在树林里用尖细刺耳的笑声来回应他，接着，一阵微弱的咝咝声在河面上掠过。

在读这段文字之前,我不知道这个世界上还有这么一个叫作夜声的东西。屠格涅夫教会我去分辨和聆听夜声。我才发现,荒原上的夜声是那样的美,而且独一无二。那种从荒原深处传来的夜声,是荒原的草叶、树叶在风的吹拂下的飒飒细语;是野兔野鹿野狐狸獾和老鼠,在林间的落叶上和荒原泥土中轻捷细碎的脚步声;是河边飘来的水鸥野鸭野雁野天鹅和芦苇交欢的喘息声;是河面上被风拂动而荡漾出密纹唱片一样细密而湿润的涟漪声……那种夜声,像教堂里的弥撒,无伴奏无歌词的吟唱,低回悠长,一唱三叹。屠格涅夫说的那种嘹亮,我没有听出来,但他说的那种冗长,像呻吟,是准确的,它们呻吟着,弥漫开来,又消失远去。

现在,重读当年的这些抄录,便会想,如果不抄书,那些寒冷寂寞的日子可怎么过?抄书,让我学会了一些写作的方法,也让我学会了观察,眼前那些以前熟视无睹的事物风景,变得有意思起来。

▶ **推荐阅读**

☆【俄】契诃夫《带阁楼的房子》　　☆【印】泰戈尔《沉船》

☆【俄】屠格涅夫《猎人笔记》

四

抄书是写作重要的准备和储备

从北大荒回到北京，有一段时间我待业，无事可做，便抄了好多书。其中，抄得最多的，是从中学语文老师那里借来的罗曼·罗兰的《约翰·克利斯朵夫》。这套书我当时前后看了两遍，便也抄了两遍，其中不少段落，都抄重复了。在这套书的初版序中，我抄录了这样的一段话：

> 每个生命的方式是自然界的一种力的方式。有些人的生命像沉静的湖，有些像白云飘荡的一望无际的天空，有些像丰腴富饶的平原，有些像断断续续的山峰。我觉得约翰·克利斯朵夫的生命像一条河——那条河在某些地段上似乎睡着了，只映出周围的田野跟天边。但它照旧在那里流动、变化；有时这种表面上的静止藏着一道湍急的河流，猛烈的气势要以后遇到阻碍的时候才会显出来……等到这条河集聚起长期

的力量,把两岸的思想吸收了以后,它将继续它的行程,向汪洋大海进发。

生命像一条河——很长一段时间,在我的文章中常常会出现学到的这句话,它有时沉睡,有时激流澎湃,但都是在不停地向大海流去。也许,大家难以想象抄书居然可以激励我的生活向前。但对于我,它就是有这样奇特的功能。

书中还有很多对我有所帮助和激励的话,我曾经抄录过。

比如:"痛苦的犁刀一方面割破了你的心,一方面掘出了生命的新的水源。"这句话到现在我还清晰地记得,几乎成了我的一句箴言。

比如:"失败对我们是有好处的,我们得祝福灾难!我们决不会背弃它。我们是灾难之子。"难道这不是对我这一代所做出的最好的预言和忠告吗?

比如:"失败可以锻炼一般优秀的人物;它挑出一批心灵,把纯洁的和强壮的放在一边,使它们变得更纯洁更强壮。但它把其余的心灵加速它们的堕落,或是斩断它们飞跃的力量。一蹶不振的大众在这儿跟继续前进的优秀分子分开了。"说那时我是多么自命不凡也好,或说我像阿Q一样安慰自己也好,我确实想做一个优秀的人,而不想碌碌无为让一生毫无色彩;我想让自己的心灵纯洁而强壮,而不想软弱成一摊再也拾不起个儿来的稀泥。

再比如，罗曼·罗兰说克利斯朵夫："他到了一个境界，便是痛苦也成为一种力量——一种由你统治的力量。痛苦不能再使他屈服，而是他教痛苦屈服了：它尽管骚动、暴跳，始终被他关在了笼子里。"我认为这是罗曼·罗兰对于痛苦进行的最好的总结。他告诉我痛苦的力量与征服痛苦的力量，他让我向往并追求那种境界。

罗曼·罗兰对于幸福的论述，也非常有意思。我抄录过这样两段话：

对于一般懦弱而温柔的灵魂，最不幸的莫如尝到了一次最大的幸福。

可怜一个人对于幸福太容易上瘾了！等到自私的幸福变成人生唯一的目标之后，不久人生就变得没有目标。幸福成了一种习惯，一种麻醉品，少不掉了。然而老是抓住幸福究竟是不可能的……宇宙之间的节奏不知有多少种，幸福只是其中的一个节拍而已：人生的钟摆永远在两极中摇晃，幸福只是其中的一极；要使钟摆停止在一极上，只能把钟摆折断。

说得真好。"人生的钟摆永远在两极中摇晃，幸福只是其中的一极；要使钟摆停止在一极上，只能把钟摆折断。"这个新奇的比喻，我曾在文章中不止一次地引用过。抄书，对我们的人生有着意想不到的作用。特别是在面对困难、挫折，心里有说不出的苦闷的时候，抄书，会帮助我们度过这样艰难的时刻，让我们的内心充实一些。这是超出写作本身更重要的意义所在。鲁迅先生初到北京的时候，正值五四前夜，苦闷时期，他曾经抄录大量的古书。孙犁先生在"文革"期间也曾经抄录很多古书，并在包书皮上写下了宝贵的"书衣文录"。

我抄录《约翰·克利斯朵夫》时，正值"文革"末期，时代和人民都在呼唤新时代的到来。抄录的那些文字，帮助我认识当时正在动荡的世界和风云变化的现实，激励我鼓起战胜苦闷的勇气，坚定对未来的信心。同时，在语言的磨砺方面，也为我以后的写作打下了坚实的基础。很快，"四人帮"被粉碎了，文学杂志、报纸副刊，都重新开办，文学作品发表的园地，如雨后春笋涌现。记得当时，我写的第一篇散文《心中的花》、第一篇小说《玉雕记》、第一组儿童诗《春姑娘遇到雪爷爷》，分别寄给了当时的《北京日报》《人民文学》和《诗刊》。那时候，我连这三家报刊的地址都不知道。当时，邮寄稿件无需贴邮票，只要在信封上注明"稿件"二字，再剪下一个三角口，就可以顺利寄到了。出乎我的意料，三篇稿子都很顺利地发表了。而且，《心中的花》很快就被选入了北京市中专的语文课本;《玉雕记》也很快被改编成广播剧，并被译成英文，介绍到国外;《春姑娘遇到雪爷爷》

中的那首《星星和花的故事》，被选入现在人教社小学语文课本的同步阅读里。

如今，回过头想一想，如果没有回北京待业期间抄录《约翰·克利斯朵夫》，如果没有在北大荒抄过的那么多书，我的写作之路，不会那么顺利。这样的抄录经历，让我相信，磨刀不误砍柴工，抄书，是写作之前的一种重要准备，如同体育运动跳高、跳远之前的助跑，尽管这一段助跑距离有些长，有些枯燥，有些艰辛，但是，是必须的，是不能偷懒越过的。

我相信，没有一位作家没抄过书。孩子们在上学的时候，在繁重的课业之余，抽出宝贵的时间抄一些书，对于写作是极其重要的，必要的。

我想以亲身经历告诉大家，抄书！抄书吧！让抄书成为一种习惯。因为它是写作重要的准备和储备，是写作重要的练习草稿。可以这样说，不抄书，无从写作。抄比写重要！

▶ **推荐阅读**

☆【法】罗曼·罗兰《约翰·克利斯朵夫》

五

好记性不如烂笔头

好记性不如烂笔头，我是信奉这句话的。一直到现在，我依然保持着抄书的习惯。这是我学习的必要方法，胜过看和听，是写作之前必须练就的基本功。抄书并不是盲目地什么都抄，必须有选择，而这种选择，能锻炼我们的审美眼光，选择什么，说明我们喜欢什么，选择这样的文字多了，自然便潜移默化，渗透在我们的眼睛里、心里，然后自然而然地流淌到我们的笔下。学习写作，谁都有这样的一个过程。

我全文抄录过孙犁先生《乡里旧闻》中的《菜虎》。这篇文章，写乡间一个叫菜虎的农人，每天推独轮车趸菜，回来时，车轱辘转动的声音，老远就能听得见。离家还有八里地呢，菜虎的老伴就能听得见，就会下炕给他做饭，等他到家，饭也就熟了。同样菜虎推车的声音，一般人只是听得见，而他的老伴在八里之远不仅听得见，还立刻下炕做饭，等菜虎一到家，饭已经做熟端上来了。

　　这篇文章值得学习的地方，就在于全文集中在这个车轱辘转动的声音上。这里不仅有老伴平日里观察的仔细，对车轱辘转动的声音烂熟于心，更有对菜虎体贴关心的真挚感情，没有这样的感情，车轱辘转动的声音，只是客观的声音。同样，如果没有这个车轱辘转动的声音，感情还就真的难以落笔。如果写成老伴惦记着菜虎，早早就把饭菜做好了，坐在炕上，等着菜虎回来。当然，也表现了老伴的感情，但远不如八里地之外听到这车轱辘转动的声音，立刻下炕做饭，更生动形象。

　　起码，我们可以学习到，如果写感情，不必只是说感情，那样会显得死板，最好借助其他衬托感情。孙犁先生借助的是车轱辘转动的声音，我们可以借助别的。我的孩子读小学四年级的时候转学，他非常想念他一个特别要好的同学，初一写作文时候，我建议他不要直接去写想念，这样不好写，而且，也容易写得枯燥，不生动。可以学习孙犁先生的《菜虎》，借助于车轱辘。他找到了转学前这位同学送他的一盆吊兰。如今，吊兰已经垂下好多绿叶了。想念之情，同学之间的友情，一下子就好写了。写完这篇作文后，他执意要去找这位同学，还真的一个人从南城到北城。

　　我曾经将孙犁先生《白洋淀纪事》一书中关于芦苇的描写集中抄录下来。之所以这样抄录，是因为我在读他的作品时，明显感觉到在他的笔下，白洋淀的芦苇既是生活的场景，也是艺术的意象。在很多篇章中，都少不了芦苇，虽然文笔也只是逸笔草草，却已成为作品中的另一主角。

《芦苇》一篇是孙犁先生1941年的散文。文章不长，写到在日本鬼子的一次轰炸中，孙犁先生跑进芦苇丛中，见到一位十八九岁的年轻姑娘，也在那里躲避。轰炸过后，临分别时，姑娘见孙犁先生穿着西式的白衬衣，为免遭遇敌时的麻烦，甚至危险，她将自己的农村大襟褂子换给了孙犁先生，自己穿上了孙犁的衣裳。只是这样一件小事，写出了这位姑娘细致善良的心地。

在这篇散文中间，孙犁先生写了这样一小段话，躲避在芦苇丛中的姑娘，面对日本鬼子的轰炸，其实开始很害怕：

> 姑娘的脸还是那样惨白，可是很平静，就像我身边这片芦草一样，四面八方是枪声，草叶子还是能安定自己。

在这里，芦苇出现了有意的姿态，和文章的题目相呼应，让我读出了文章题目的主旨指向。这里的芦苇，写的就是这位姑娘。在四围枪声中，芦苇的安定，就是姑娘逐渐由害怕而变得平静。有了这样芦苇衬托的背景，姑娘在芦苇丛中脱下自己的大襟褂子，才会那样地自然妥帖，那样地美好而感人。炮火过后，飒飒风中摇荡的芦苇丛中这样的分别，才成为一幅动人的画面。

另一篇《纪念》，写的是一位农村的老大娘，为了给战争中口渴难挨的孙犁先生一口水，冒着敌人射出的子弹，跑到院子里，从井里迅速地绞起一罐水，飞快地跑进屋。孙犁先生写道：

这水是多么甜，多么解渴。我怎么能忘记屋子里这么热心的女人和把一切希望都寄托在我们身上的孩子？我要喝一口水，她们差不多就献出了自己的生命。

这段话，同样可以作为《芦苇》的画外音。它抒发的是这两篇文章作者共同的情感。一件褂子、一口水，在战争年代弥足珍贵，关乎性命，如今道来非同寻常。很显然，《芦苇》比《纪念》写得更含蓄，芦苇的描写，比直接的抒情，更让人感动和感怀。

战争年代，冀中平原，白洋淀普通的芦苇，被孙犁先生迅速捕捉到笔下，反复吟咏，是从生活化到艺术化的一种敏感的情致和写作路径，就像俄罗斯巡回画廊派的画家，将普通常见的白桦林光影交错地呈现在画中，成为一种艺术的至境。

在《采蒲台的苇》中，孙犁先生曾经写过芦苇给予他的第一印象：

是水养活了苇草，人们依靠苇生活。这里到处是苇，人和苇结合得那么紧。人好像寄生在苇里的鸟儿，整天不停地在苇里穿来穿去。

他还写了芦苇的各种用途：可以织席，可以铺房，可以编篓捉鱼，可以当柴烧火……当然，如果仅仅是这样写芦苇，便没有什么新鲜，也便不是孙犁的特色。接着，孙犁说：

关于苇塘，就不只是一种风景，它充满火药的气息，和无数英雄的血液的记忆。如果单纯是苇，如果单纯是好看，那就不能成为冀中的名胜。

在这里，孙犁先生明确地给芦苇以新的定义，把芦苇当成冀中平原的"名胜"。他笔下的芦苇，有单纯的美好和实用价值，更有战争中英雄与人民构成的双重意义，即英雄的血液与人民的血液共同铸就的坚韧品格。

在这篇《采蒲台的苇》中，孙犁先生还写道：

敌人的炮火，曾经摧残它们，它们无数次被烧光，人民的血液保持了它们的清白。

在这里，它们是孙犁先生笔下的芦苇，也是孙犁先生自己。芦苇和他，合二为一，融为一体。

所以，在孙犁先生前期作品的战争篇章中，芦苇会常常出现，有时会是有意为之，有时会是不期而遇，有时又会是信笔所至，甚至是神来之笔。

芦花初放的时候，"鲜嫩的芦花，一片展开的紫色的丝绒。正在迎风飘撒。"（《芦花荡》）

芦花放飞的时候，"每年芦花飘飞苇叶黄的时候，全淀的芦苇收割，垛起垛来，在白洋淀周围的广场上，就成了一条苇子的长城。"（《荷花淀》）

即使是到了严冬的季节里，"河两岸残留的芦苇上的霜花飒飒飘落，人的衣服上立时变成银白色。"（《嘱咐》）

不过，孙犁认为，芦苇最美好的时候，在五月。他说："假如是五月，那会是苇的世界。"（《采蒲台的苇》）"五月底，那芦草已经能遮住那些孩子们的各色各样的头巾。""这一带的男女青年，一到这个时候，就在炎炎的热天，背上一个草筐，拿上一把镰刀，散在河滩上，在日光草影中，割那长长的芦草，一低一仰，像一群群放牧的牛羊。"（《光荣》）那是战争间歇中对和平生活的一种回忆和向往，被孙犁先生描画得情深意长。

但是，战争来临的时候，芦苇不会如此美丽娴静，而是完全变换成另一种姿态和容颜。敌人逼近的时候，"云雾很低，风声很急，淀水清澈得发黑色。芦苇万顷，俯仰吐穗。"（《采蒲台》）芦苇所呈现的是一片苍茫浑厚的景象。面对敌人炮楼咄咄逼人的威胁，"苇子还是那么狠狠地往上钻，目标好像就是天上"。芦苇所呈现的是一幅威武不屈的形象。

孙犁先生完全将芦苇人格化，将其本身具有的美丽、清白、柔韧与坚强的不同侧面，多重性格，一一挥洒在笔端纸上。我还从未见过有作家能够将冀中平原常见的芦苇，写得如此仪态万千，风姿绰约。

孙犁先生的作品，以细节的生活化和细腻感，构成其艺术风格之一。常常容易被人们忽略掉的，甚至是视而不见、见而无感的小小的芦苇，恰恰被孙犁先生不经意地拾起，却也落花流水，蔚为文章，既能映水浮霞，又可挟云掠风，委婉有致地道出对战争年代生死与共、血肉相连的人与事的无限情思。

抄录孙犁先生这些文章，我在想，冀中平原上，芦苇留给孙犁先生这么深的印象，被他捕捉到，呈现在文章中。我在北大荒六年，什么东西留给我最深的印象，也能让我捕捉到，从而呈现在文章中？北大荒的雪、白桦林、达紫香、开江的松花江……有很多难忘的景物，随之带来还有很多难忘的人物和事情。同学们一样也可以如此，去捕捉你们校园里熟悉的景物，比如最有特色的树木、操场、实验室、甬道……当你找到了这些景物的时候，一定也会随之想起你的好多同学、老师的好多有意思的事情，赋予它们很多属于你的感情和发现，这样，写作文时难道还会觉得没什么可写了吗？

抄书，带给我很多快乐，这快乐不仅来自对于写作的启发和帮助，也让我感受文学的美好。抄录在笔记上的这些文字，似乎和印在书中的印刷体文字不尽一样，它们带有我自己的感情，像我自己赤脚蹚了一回水流，那种清冽湿润的感觉，和读印刷体文字，还真的是不一样。

亲爱的同学们，你们信不信？你们可以试一试，看看会不会有这样快乐并且意外的收获。不过，这需要你们能养成抄书的习惯，相信好记性不如烂笔头，相信磨刀不误砍柴工，相信抄书其实就是和书在相互交谈。你走进了书里面，书便也走进了你的心里面。

▶ **推荐阅读**

☆ 孙犁《乡里旧闻》《白洋淀纪事》

第五课

改比写重要

一

没有文章不需要修改

　　好文章是改出来的,这话说得极对。可以说,世上没有一篇好文章没有经过修改,即使再有名的作家、再伟大的人物写的文章,也是如此。我们现在看毛泽东主席的诗词原稿,修改过的部分,一清二楚,而且,他还专门请诗人臧克家和郭沫若等人帮助修改。当年周恩来总理说:"主席自己写的文章、诗词,也是改过多少次的。"其著名诗句:"四海翻腾云水怒,五洲震荡风雷激",便是从原稿"革命精神翻四海,工农踊跃抽长戟"修改而成的。显然改过的精彩,更加气魄浑然,可见修改是多么的重要。

　　文学名著《红楼梦》,也是经过了十年披阅,增删五次。鲁迅先生说过的话:"文章写完后,至少看两遍,竭力将可有可无的字、句段删去,毫不可惜。"如今更是成了至理名言。

　　前辈作家孙犁先生写了一辈子文章,晚年时候更加强调修改:"越到老年,我越相信,好文章是改出来的这句话。"他说自己:"过去文章,都是看两遍,现在则必须看三遍,还是出现差错。原稿上删去的地方很多,证明繁絮话、废话增加了。"

我读中学的时候,语文老师强调作文修改时,常常爱举两大例子,一是唐代诗人贾岛的"鸟宿池边树,僧敲月下门",讲"推敲"一词的来历,教导我们文章修改的重要性;一是宋代诗人王安石的"春风又绿江南岸"中的"绿"字,是反复修改的结果,教导我们炼字的作用。修改文章时,要注意在这样一字一词细微之处下功夫。这大概是历代老师爱用的关于文章修改的经久不衰的实例,反复在学生耳边唠叨,几乎磨成老茧。

好的例子,好的教导,不会因时间久远,就会像茶多次续水之后没有了味道一样,而变得没有用。相反,这些前辈总结出来的经验,足可以让今天的我们倍加珍惜,使得这一宝贵传统传承下去。

曾经读过前辈叶圣陶先生修改别人句子的范例,比如"因为恐怕下雨,所以我带着把伞出门。"他改成了:"恐怕下雨,我带着把伞出门。"再比如"上海的住旅馆确是一件很困难的事",他改成了:"在上海,住旅馆确是一件很困难的事。"可以看出,尽管只是几个字的修改,却让一句话变得更完美,可以看出修改是多么的必要。他特意指出:"几句几行甚至整篇的修改也无非是要把错的改成对的,或者把差一些的改得更正确,更完美。这样的修改,除了不相信'修辞立其诚'的人,谁肯放过?"

当年，叶嘉莹在顾随先生门下求学，她写了一句诗："几点流萤上树飞"。顾随先生帮她将"上"字修改为"绕"字。顾随先生在这句诗旁边写了一则八个字的小注："上字太猛，与萤不称。"改得多好，说得多明白，萤火虫那么小，怎么如人或狸猫一样可以上树呢？让它们绕着树飞，多么轻巧，多么活泼，又多么符合真实的情景。这样的修改，可谓"一字师"。可以看出，这样精心于一字一词的细微修改，是有传统的，有传承的，值得我们好好学习。

我在《人民文学》杂志社工作的时候，作家张洁写来短篇小说《三根烟囱》，她一直在修改，稿子已经发排到印刷厂，马上开印，她又给我打来电话，还要再修改几个字。

我初三时写的作文《一张画像》，自己修改了好几遍，我的语文老师又帮我改了一遍，作文到了前辈叶圣陶先生那里，他又帮我从头到尾改了一遍，只要看看修改稿那些红笔改过的密密麻麻的地方，就可以看出叶老先生改得是多么认真，多么好，又是多么重要。

我们做学生的，从小要养成修改作文的好习惯。不能写一篇，扔一篇，像狗熊掰棒子一样。现在学校里一次性作文的教学方法，有很多不足。老师不能布置一篇作文题目，让学生写，写完就完了，接着再写下一篇作文。写作文和烙饼一样，不可能只是烙饼的一面，烙一次就想把饼烙熟，总要正反面翻几次，才能把饼烙熟，而且，才不会烙煳。没有经过几次修改，作文里的毛病会接着重复出现，容易造成恶性循环，形成习惯，很难纠正。

我的孩子，从小学到中学所有的作文，我要求他必须经过修改，才可以交给老师。因此，每一篇都经过他不止一次的修改。中学毕业的时候，光是修改的作文稿，就装了满满一大抽屉。修改作文，就像给小树剪枝打杈，才能让树长直长高。

最初的作文，不可能一步到位，改是必须的。哪些地方重复了，要删掉；哪些地方过于简单了，要补一笔；哪些地方不够生动，要增添个比喻或想象，哪怕这个比喻和想象很简单，也没关系，只要改过，就是好，就有进步。

修改作文，也不可能一步到位。因此，在辅导孩子修改作文的时候，家长和老师要特别注意这样两点：

一是不能简单笼统地说作文"写得还不够生动，需要再生动一点儿""写得还欠具体，如果再具体一点儿就好了"之类的话。这样说太抽象，太笼统，孩子无从下笔修改。一定要指出哪儿写得不生动，怎样才能生动；哪儿写得欠具体，怎样才能具体。比如他说春天花开得很好看，你要告诉他，只写花好看，还不够生动，因为"好看"这个词抽象，花好看，草好看，鸟也可以好看，衣服还可以好看。要写出花怎么好看，比如写花笑了，一朵朵绽开了笑脸，尽管很简单，但总是有了一点儿进步，比好看要好一点儿，起码学会拟人了。

二是所提的意见不宜过多,别让孩子烦,产生畏难情绪,没法下笔改。一般指出一点或两点就可以了。而且,要简单,要让孩子觉得很容易修改。比如前面说的花好看的例子,要从最简单的开始,一步一步地慢慢来,让孩子觉得不难,修改后有成就感。孩子再做修改的时候,就会愿意改,就会在一次次修改的过程中,逐步找到方法,找到乐趣,一点点进步。不要企图一口就吃个胖子,每篇作文具体修改一个问题,十篇作文,就能修改十个问题,积少成多,自然慢慢就会有明显的进步。在写作文的过程中,形成了修改的好习惯,受益无穷。

二

修改的加法和减法

当代作家汪曾祺修改文章的例子,值得我们学习借鉴。汪先生好多篇文章都经过了修改,最典型的例子是《异禀》,如果有兴趣,将原文和几十年后大面积修改后的文章对照来读,会觉得非常有意思,而且会从中看到修改的门道,还有乐趣。

当然,对于字词句的修改,汪先生也是讲究的,修辞炼字,这是我国老一代文人的传统。比如《徙》中的开头,原来写的是"世界上曾经有过许多歌,都已经消失了。"这样的开头,多像很多学生作文里的开头,或许有些学生还爱在"都已经消失"前面,再加上"可惜"两个字,以增加感情色彩。

汪先生后来将这个开头改成了简单的六个字:"很多歌消失了。"

看,改得多干净利索,所有的感情色彩,都在留白之中了。这便是修改与不修改的差别。

我还想举汪先生的小说《职业》为例子。同样是开头，这篇小说，汪先生先后修改过四次。小说写得特别有意思，在艰辛的日子里，充满难得的童趣。小说写的是一个十一二岁的失学孤儿，在昆明街头叫卖椒盐饼子西洋糕，吆喝出的"椒盐饼子西洋糕"这几个字，被放学的孩子用昆明话学说，把这句话改了词，吆喝成了"捏着鼻子吹洋号"，明显带有居高临下的嘲笑和戏弄。这个叫卖椒盐饼子西洋糕的孩子没有介意，也没有生气，相反在给外婆过生日的时候，走进小巷，回头看看巷子里没人，自己扯着脖子也高声吆喝一声："捏着鼻子吹洋号！"小说到这里戛然结束。贫富不对等的艰辛人生中，小孩子独有的天真可爱的童趣，让我们含笑带泪，百感交集。

小说原来开门见山，从小孩沿街吆喝"椒盐饼子西洋糕"写起。这是我们常爱写的一种方法。后来，汪先生不满意这样的开头，便在这前面增加一长段的关于昆明街头他所听到的各种吆喝声的描写，其中包括卖化风丹、壁虱药、杨梅、玉米粑粑的，还有收破烂的……林林总总，写了一堆。小说开头这一长串的吆喝声描写，整整占了小说三分之一的篇幅。写完这些，才写道："在这耳熟的叫卖声中，还有一种，是'椒盐饼子西洋糕'！"

为什么要有这样的大幅度改写？汪先生自己说，增加的这些叫卖声，"作为小孩子叫卖声的背景。这样写就比较丰满，主题就扩展了一些，变成了人世多辛苦。"

这样的修改，确实增添了时代背景，让一个小孩子的命运，在这样浑厚的背景衬托下，有了几分苍凉辛酸的味道。增加的部分，都是大人们的叫卖声啊，现在又增添了一个小孩子的叫卖声。这样小的年纪，他不应该出现在街头，而应该在学校里；他不应该发出这样的叫卖声，而应该发出琅琅的读书声。这些，汪先生没有写，却可以让我们读后联想到。这个小孩子的生计与命运，便让我们怜惜，文章便有了余味。

可以看出，这两篇文章，都是对开头做了修改，所用的方法，一个是减法，一个是加法。减法尽其减，减得越干净越好；加法尽其加，加得越丰富越好。

大作家的修改，有其修改的道理和方法，我们是不是可以从中多少明白一些道理，并学到一些方法呢？起码，可以从这样的加减法中，找到一些修改文章的路径吧！

▶ **推荐阅读**

☆ **汪曾祺《徙》《职业》**

三

修改中的两点注意

学生修改自己写的作文,是必修课。写完作文,必须要进行修改,不能没有修改,又进行下一次作文的练习。这一步,是不能省略、不能跳过去的。

指导孩子修改作文,我的方法主要有这样两点:一是肯定这篇作文的长处,让他有信心去修改;二是我前面说过的,即指出其中最重要的需要修改的地方,指出一处即可,最多两处,一定不要多,让他好改,觉得不难。

我曾经接到北京的一个六年级的小学生写来的两篇作文,文章都不长,各只有四五百字。其中一篇:

观 鸟

在清明期间,我和爸爸妈妈到郊外爬山。这次的旅程中让我印象最深刻的并不是漫山遍野的绿叶,也不是金碧辉煌的佛塔,而是一只灰不溜秋的小鸟。在下山时,我一路跑在爸爸妈妈前面。在经过一片松林的时候,我突然听见一声鸟鸣,那声音好像有人在用竹笛吹奏美妙的乐曲。

"能唱出这么美妙歌声的鸟儿,长得一定很漂亮!"我一边自言自语,一边期待地拿出了一个望远镜。我用望远镜一会儿向左看,一会儿又向右看,可直到把头转晕,也没有看到那只鸟儿。我气得差点把望远镜扔在地上:我一路上辛辛苦苦背着你,你却在关键时刻掉链子!

这时,爸爸妈妈来了。爸爸一把拿过望远镜,对我说:"望远镜可不是这么用的,你要先用肉眼找到鸟儿的大概位置,然后再用望远镜去观察它。"我将信将疑地按照爸爸的话去做。啊,我用肉眼看到鸟儿了!诶,用望远镜看怎么就不见了呢?我垂头丧气地对爸爸说:"爸爸,我用望远镜看怎么还是看不到它啊?""你可以选周围一个特殊物体做参照。"爸爸回答道。我恍然大悟,于是选了鸟旁边一丛非常显眼的桃花做参照物。我用望远镜仔细搜索着桃花周围的区域,终于用望远镜看到了鸟儿。

当我清晰地看到那灰色的小鸟圆滚滚的身子和脸上的白斑时,我高兴得跳了起来!这只看上去毫不起眼的小鸟,却给我带来了无尽的快乐。它那欢快的啼叫,伴随着我朝山下轻快地走去。

这篇作文围绕着怎样用望远镜看鸟这样一件事来写,写得干净集中,而且层次清楚:开始不会用望远镜,看不见鸟;爸爸教自己用望远镜,还是看不见鸟;最后会用望远镜,终于看见了鸟。三段式,呈递进关系,层次清楚,节奏明确。这是这篇作文的优点。

我只给他提了一点建议。文章最后一段,他写道:"这只看上去毫不起眼的小鸟,却给我带来了无尽的快乐。"把笔落在小鸟的身上。实际上,并不仅仅只是小鸟带给他快乐,还有望远镜。这篇作文重点写的是学会如何使用望远镜。他忘记了帮助他看见了这只可爱小鸟的望远镜。如果没有学会使用望远镜,他看不见鸟,也就不会有这样的快乐。因此,需要加上一笔,除了这只小鸟,还有这个望远镜,带给我无尽的快乐!小鸟欢快的啼叫声,伴随着我背着望远镜,朝山下轻快地走去。

是不是这样更好些?

再看另一篇:

立春

立春,是我国二十四节气中的第一个节气,也是我国一个历史悠久的节日。立春的一个重要习俗就是吃春饼。春饼和北京的著名美食——烤鸭有些相似。它是用面饼裹着菜和肉卷起来吃的食物,里面刷着甜面酱,还有各种食材。肉有猪头肉,菜有黄瓜、小葱、胡萝卜、豆芽、金针菇等。只要能卷进面饼里的食材,都可以尽情地放进去。它们可以随意搭配,吃起来也有各种各样的口味。

在我家,立春还有着特殊的含义。听爷爷说,在1986年立春这天,爷爷带着全家离开了生活了十八年的唐山,回到了他的故乡北京。之后,爸爸考上大学,和妈妈结婚,从而有了我。这样,立春就成为我家最重要的节日。每年立春,我们都要全家团聚,庆祝这个日子。今年立春,爷爷在家宴上与爸爸对饮三杯,随后诗兴大发,赋诗一首:"寒梅喜迎春,一日扭乾坤。征途存险阻,道路多迷云。付出流血汗,收获享天伦。日月如何变,立春铭记心。"

立春,象征着寒冷的日子已经过去,万物即将复苏。它承载着中华民族的传统,也承载着我家幸福的回忆。

这篇作文的中心思想是写立春这节气对于他们一家的特殊意义。这个意义并不在于民俗,而在于立春这个节气所带有冬去春来的时代明喻。他在文章结尾说得非常明确,非常好。因此,第一段写立春吃春饼的民俗,与这一天对他家的特殊意义不完全搭架,有些隔离,可以缩写,或完全不写。如果要写,最好调整一下,把它放在第二段"每年立春,我们都要全家团聚,庆祝这个日子"之后来写,让它成为庆祝的内容之一,使得庆祝的场面更充实,更具体;让立春这一天所体现的民俗,和这一天对他家而言的特殊的意义相互交融;春饼里所包含着的各种东西,也就吃得更加滋味别出。这样来写,不仅让文章更集中,也增加了春饼的意味,让这一天全家团聚的内容更具体,更形象。

四

集中在一人一事上的修改

我收到湖北麻城一个初一学生写家乡的作文。家乡，是作文中常常会出现的题目，也容易是千篇一律写滥的一个题目。尽管每个人都热爱自己的家乡，但是，写好它的特点，写出自己的特色，并不容易。

看看这位同学是怎么写的：

我喜欢天的蓝，喜欢山花烂漫，喜欢雨滴溅在柏油路上的脆响，我细细地感受你的脉搏，深深地爱着你——我的家乡。

家乡，一个熟悉而温暖的名字。这里有蓝天白云、山花烂漫。如画的家乡从不吝啬，给予我们太阳，滋润我们成长。

我爱家乡，因为这里有我的家，有亲爱的父母、熟悉的邻里。一次暑假，我与妈妈去外地游玩，途中经历的一个小插曲让我深切地体会到这一点。

那天傍晚,我们出去散步,穿过一条繁华的街道,行走在一条近似迷宫的马路上,我猛地发现这条路刚才仿佛来过,抬头一看,的确是那座标志性建筑。于是,一丝不祥的念头涌进我的脑海中:"我们不会迷路了吧?"我嘀咕着。妈妈似乎也察觉到了,赶紧打开手机地图,挽着我的手继续行走。那么热的天,妈妈的手却冰凉,这与她在家乡本地遇事的从容截然不同。走了好半天,也找不到对的方向,便只好窘迫地询问一个过路人。看到我们大汗淋漓的样子,对方便先开口了:"你们是外地来的吧?"我俯下身子点点头,妈妈详细说了迷路的来龙去脉,只见那人兴奋地用我们的家乡话讲道:"我老家也是麻城的。"顿时,我猛地抬起头,与对方连起了一座桥,那是对家乡的爱!

我不禁想起了家乡的流水,就像鸟儿在振动翅膀;我想起了家乡的白菜,土地的气息是香的。那一刻,我真正体会到了什么是对家乡的爱,是听到亲切乡音后眼里激动地流下的澄澈的泪水。

我爱家乡,爱你的一草一木,爱五月龟峰景区山上那烂漫的杜鹃花。

清晨,娇嫩的花上垂着几滴露水,就像一个个小精灵似的,舞动着花瓣,让花香随着露水沁满了山。

正午，强烈的太阳刷暖了龟峰，粉红的花蕊被一束束阳光照着，射出五彩斑斓的光，像瀑布一般倾泻而下。络绎不绝的游客忙着拍照，杜鹃花也毫不怯场，从容不迫地摆出灿烂的笑脸。我站在高山之巅，远眺杜鹃花海，一片绚烂，就像夏天的烟火短暂却深刻。仿佛不看这漫山遍野的红，就不算给春天画上了一个完美的句号。"真美呀！"我不禁感叹。杜鹃真美呀，我爱它，更爱你，美丽多姿的家乡！

夜夜我听见山泉在呜咽，鸟儿清脆地啼叫，那是你美丽的呼唤；我看见街道上五彩的霓虹，山涧里沉睡的小草，那是你可爱的脸庞。

我是这样地爱你，我的家乡！

我们可以看到，这篇作文写的是外出游玩迷路而遇见老乡，他乡遇故知，家乡成为彼此的纽带，也就是文章中所说的，是"与对方连起了一座桥"，从而抒发对家乡的感情。显然，这样的角度，比一般单纯描写家乡景物，抒发对家乡热爱的感情，要新颖一些，也容易把对家乡的感情，通过彼此的交流，而写得自然具体，不会那么空泛。应该说，这是这篇作文最大的优点。

只是，这篇作文开头和后面两部分，写的全部都是自己对家乡的抒情。这样的抒情，一下子就和一般写家乡的作文相同了，很多同学都这样写，便很容易写得空泛，大同小异，这是特别需要避免的。

可以看出，这前后两部分明显成了两张馅饼皮，为的就是包裹中间外地遇老乡的这团馅的，从而加深对家乡之爱的感情抒发。当然，这样写也不是不可以，由他乡遇故知而对家乡生发出感情，也是有来由的。但是，这篇作文并没有处理得自然妥帖，而让这前后两部分和中间部分隔开来，留下了一种拼贴上去的痕迹。

我提出的建议是，前面那一部分，可以不要，直接从迷路开始；最后一部分对家乡的感情描写，不要只是自己抒发，而是在和这位老乡的交谈中，彼此共同地抒发。作文里写道："只见那人兴奋地用我们的家乡话讲道：'我老家也是麻城的。'"这写得非常好，非常亲切，马上就可以让彼此用家乡话拉起家常，你一言我一语，情不自禁地说起后面要说的家乡的山水，家乡的杜鹃花海……这让对家乡的感情抒发，一下子落在实处，而不是自己一个人像站在舞台上唱歌一样一味地抒情。

对于作文，尤其是写人写事的记叙文，最初最好的修改方法，就是注意写好一人一事，不要贪多。写好了一人一事，是写作文的基础，以后再来写一人多事，或多人一事、多人多事，才会循序渐进，容易写好。对于上面这篇作文，需要重点修改的地方，便是集中写好他乡遇老乡这样一人一事。其他旁枝，统统去掉，或将其有用的东西，融入这一人一事中去写。

五

念稿子是种修改的好方法

1958年,在《教师报》上,叶圣陶先生曾经写过八篇《和教师谈写作》的文章,其中第三篇《把稿子念几遍》,是他介绍给老师修改文章的一个方法,是从他自己多年的写作和编辑实践中得出的经验之谈。他指出:"写完一篇稿子,念几遍,对修改大有好处。"

修改稿子不要光是"看",要"念",就是把全篇稿子放到口头上说说看。也可以不出声念,只在心中默默地说。一路念下去,疏忽的地方自然会被发现。下一句和上一句不接气啊,后一段跟前一段连得不紧密啊,词跟词的配合照应不对头啊,句子的成分多点儿或者少点儿啊,诸如此类的毛病都可以发现。同时也很容易发现怎样说才接气,才紧密,才对头,才不多不少,而这正是修改的方法。

这个方法有效验,不管出声不出声,念下去觉得不顺当,顿住了,那就是需要修改的地方,再念几遍,修改的方法也就来了。

这是很容易理解的。念下去顺当,是因为语言流畅妥帖,而语言流畅妥帖,也就是意思流畅妥帖。反过来,念下去不顺当,必然是语言有这样那样的疙瘩,而语言的任何疙瘩,也就是思想的疙瘩。写东西表达意思,本来跟说一番话情形相同,所不同的仅仅在于说话用嘴,写东西用笔。因此,用念的办法——也就是用说话的办法检验写成的稿子,最为方便而且有效。

在这里,叶圣陶先生不厌其烦地讲述了念稿子这样修改文章的具体方法,这不仅对于初学写作者,而且对于其他写作者都有益,值得我们学习。

英雄所见略同,另一位作家孙犁先生,1983年写过一篇《谈改稿》,同样谈到念稿子进行修改的方法。他举的是古人的例子:

> 古人写了文章,很多是贴在墙上,来回地念诵,随时更易其文字……十天半月甚至半年,一年在那里用功。每一个字都印在心里。是这样写文章的。

叶圣陶先生和孙犁先生强调的这种修改文章的方法,是值得学习的。在念稿子的时候,我们要特别注意这样几点:

要注意词句和段之间的关系。也就是叶圣陶先生所说的语言的不"顺当"之处,是主要修改的方向。

语言出现的不顺当,即叶圣陶先生指出的"疙瘩",是思想的"疙瘩"。在写的时候,思想上没有想明白,想周全,就容易出现这样的"疙瘩"。要避免这样的疙瘩,必须想清楚,想全面,不能含糊其词或啰啰嗦嗦地说好多,这样才能够表达得清晰明了。

要多念几遍,即孙犁先生说的"来回地念诵",反复修改,不是一次了事,要下这样的笨功夫。

关于文章修改,这样具体的指导,是很少见的。这是两位前辈作家,更是教育家才具有的情怀。在修改文章的时候,需要特别注意上述的这样三点。

我的孩子上三年级的时候,写了一篇作文《做西餐》,写他第一次做西餐的情景。他自己改了两遍后,把作文拿给我看,我看了以后,表扬他写得很具体,只是有些句子还可以再仔细推敲一下,稍微改改。

其中有一段他做好炸猪排后的描写:

一盘菜可算做好了,我又拌好了沙拉,又把面包片拼成花放在盘子里,连着炸猪排一起摆在餐桌上。忽然又想了光有主菜可不行,还得来盘汤,就来盘红菜汤吧!然后,我先把油放进锅里,又把番茄酱连同妈妈早做好的牛肉汤倒入锅里,又把切好的土豆、洋葱头、洋白菜、胡萝卜一窝蜂地掉进锅里。最后，又放点儿奶油提提味儿。过了一会儿便咕咕地热了……

我先问他：你自己先把这一段念念，看看有什么地方可以改改？他念了一遍，但不知道哪儿还可以改。我对他说：你数数这一段里一共用了几个"又"字？六个，太多的重复了，顶多用一个就可以了。这好改吧？

他点点头，知道了。这就是叶圣陶先生说的语言上的"疙瘩"。这的确不难改。

我指着这一句"忽然又想了光有主菜可不行"，对他说：这是一句陈述句，对吧？是告诉人家这件事情，并没有你自己的心情在里面，如果把这句改成"还缺点儿什么呢？"你觉得是不是把你当时想的心情和样子写了出来呢？所以，在描写一件事情的时候，能不用陈述句就不用，要用自己真实的心情和具体的样子的描写，来代替陈述句。

另外，我提了两点小小的意见：

一是"掉进锅里"的"掉"字不准确。掉，是自己的行为，比如说树叶从树上掉下来。土豆等那一堆菜是不会自己掉进锅里的，改成"丢"字，好不好？"丢"，就是把它们放进锅里的了。用"放"或"扔"，也可以。

二是最后一句"过了一会儿便咕咕地热了"，说得不准确，这不是在热红菜汤,是在做红菜汤。因此,不仅仅是热了,而且是熟了,有香味冒出来了。对不对?

这几点意见,都是语言上的疙瘩,也就是叶圣陶先生说的思想上的疙瘩,是因为写的时候没有想清楚、想明白,便匆忙下笔了。

最后,我帮助他一起修改了这一段:

一盘炸猪排可算做好了,我赶紧去拌好了沙拉,再把面包片拼成一朵花放在盘子里,连着炸猪排一起摆在餐桌上。还缺点儿什么呢?哦,还得来盘汤,就来盘红菜汤吧!我架上锅,放进油,把切好的土豆、洋葱头、洋白菜、胡萝卜和番茄酱一股脑地丢进锅里。最后,又放点儿奶油提提味儿。不一会儿,便咕咕地冒出了热气和香味……

改好后,我和他分别念了念,都觉得比以前有进步。

后来,他写了一篇《如今孩子的玩具》,开头这样写:

没有一个孩子没有玩具的,哪怕是再简单的原始玩具。因为孩子天生爱玩,玩具和游戏共生,玩具派生出很多好玩的游戏,游戏反过来激发新玩具的层出不穷,满足孩子玩的需要。

从玩具的变化，可以看到世界的发展真是神速。现在的玩具，已经虚拟到电脑和手机上玩了，花样繁多，刀光剑影，过关斩将，可谓惊心动魄，炫人耳目。

写完之后，按照叶圣陶先生和孙犁先生多念几遍的修改方法，念了两遍后，先把第一自然段全部删掉了。觉得有点儿啰嗦，而且，意念性过于明显，索性从第二自然段开始，更干净利索，也自然些。

然后，把"虚拟到电脑和手机上玩了"这句最后"玩了"两字删掉；把"可谓惊心动魄，炫人耳目"这句最后"炫人耳目"删掉，觉得多余。

紧接着上面的还有一句话：

不要说我小时候了，那时的玩具有什么呀，记得大院里有钱人家的女孩子抱着一个眼睛能眨动的布娃娃，就足让我们瞠目结舌，算是奇迹了。

改成了：

我小时候，玩具有什么呀，有钱人家的女孩子抱着个布娃娃，不过是眼睛能动，就让我瞠目结舌了。

最后一句：

而我们男孩子只能蹲在地上撅着屁股玩弹球，或者是拍洋画、滚铁环、抽陀螺，都得爹妈给点儿钱买才行。

改成了：

我们男孩子只能蹲在地上撅着屁股，玩弹球、拍洋画、滚铁环、抽陀螺，还得跟爹妈死磨硬泡，要点儿钱买才行。

删掉的那些个字，为了让语言不啰嗦；增加的那几个字，为了让语言生动；把"大院里有钱人家的女孩子抱着一个眼睛能眨动的布娃娃"这个长句子进行断句，改成短句子，都是为了去掉语言上的疙瘩。重新念一遍，觉得比以前顺当多了。

几年前，我写了一篇散文《四块玉和三转桥》，四块玉和三转桥是北京的两条老胡同，这篇散文写的是我读中学和儿子读小学，在这两条胡同里遇到好心人的往事。我是这样结尾的：

儿子遇到的这位老奶奶，和我遇到的那位年轻的妈妈，令"让这个世界充满爱",不再仅仅是一句唱得响亮的歌词,而是如一粒种子,种在了我们的心头。对于我,时间已经是四十九年过去了;对于孩子,时间已经是二十五年过去了;这位老奶奶和这位年轻的妈妈,一直没有让我们忘记。这粒种子发芽生根长叶,至今仍在我们的心中郁郁葱葱。

只是,如今,这两条胡同,都已经不存在了。城市的大拆大建,这两条胡同都被夷为平地,变为了商厦和楼盘,或宽阔的马路。只有记忆不改容貌,还鲜活并顽强地存在孩子和我的心头。

念过几遍稿子之后,我把最后一段删掉了,新写了一句,作为结尾:

四块玉和三转桥,像古诗里的一副美丽的对仗,便一直让我对它们充满感情。

最后,索性把最后一句"便一直让我对它们充满感情"也删掉了。

再念一遍,觉得这样结尾,比以前好了许多。

六

修改的前提是能够找到问题

我在北京教中学语文的时候,第一堂作文课,出了这样一个题目:《我最难忘的一个人(或一件事)》。这是那时候常见的一个作文题。我的意图,就是要求同学们先写好自己身边熟悉的一人一事。

班上有一个女同学,语文学习成绩属于中等,但是,这一次作文却写得非常好。我拿来她的作文,在全班进行了讲评,极大地鼓舞了她上作文课和语文课的兴趣和热情,继而使她的学习成绩有了明显的提高。

她写的最难忘的人是她的父亲。这是很多同学都愿意选择的写作对象——父亲、母亲和老师,可以排在前三位。她读小学的时候,她的父亲,作为铁路工人,正在坦桑尼亚修铁路,已经三年没有回家了。她很想念父亲,天天盼望着父亲早点儿回来。终于,父亲回来了,带给她一件礼物,一支笔帽上刻有漂亮图案的钢笔。那时候，国内还没有这样漂亮的钢笔，很新鲜。

我表扬了她的作文真挚地书写了阔别三年父女之间的感情。不过，父亲对她的感情，有钢笔表达，比较具体，她对父亲的思念，却显得空洞——这是学生的作文常出现的问题。我告诉她，你想念你父亲，怎么想念的，应该有具体的事情，就像父亲惦记你，有钢笔，你看，这样想念就看得见，摸得着。

她想了想，告诉我，那一年开春，她从同学家拿了一根葡萄藤，种在自己家的院子里，她想，父亲来信说好了是秋天回家，她要是把葡萄藤种活了，真能结出葡萄来，就可以给父亲吃了，给父亲一个惊喜！

我说这样多好，有了这个葡萄，你对父亲的想念一下子就具体了，而不再只是抽象空洞的"想念"这个词儿了。我问她：你愿意把你的这篇作文改改吗，加上你刚说的葡萄？

她回去做了修改，作文里加了葡萄。她和母亲一起精心侍弄，葡萄藤爬满架，紫嘟嘟的玫瑰香葡萄熟的时候，父亲终于回来了，高兴地吃到了她的葡萄，拿出了送她的漂亮的钢笔。

我再次表扬了她，夸她改得好多了。一个钢笔，一个葡萄，父女两人彼此的感情都有具体的依托，作文写得实在多了，感人多了。

但是，只是写栽下了葡萄藤，结出了葡萄，爸爸回来，摘下来给爸爸吃，有些简单。这将近一年的时间里，侍弄葡萄和思念父亲，没有任何描写和交集，显然，留下了太多空白。

我问她：葡萄藤那么小，从你拿回家到爬满架，结出果，好养吗？这中间没出现什么让你糟心的事情吗？

一听这话，她睁大眼睛，立刻对我说：可不好养呢，我是天天盼望它能早点儿结出葡萄来，又天天担心它结不出来。

为什么呢？出了什么问题吗？我接着问。

她告诉我，葡萄开花的时候，刮起大风，把葡萄花吹落得她家院子满地都是。她说最担心葡萄结不出来了，没有花，哪来的果呀！那些日子，她天天张望着，看葡萄架上有没有葡萄珠冒出来。还真谢天谢地，刮下来那么多的葡萄花，最后还能结出葡萄来，而且结出了不少！

因为是亲身经历的事情，又是自己关心的事情，说起来，很来情绪。

我又问：还有别的让你糟心的事情发生吗？

她回答：再有，就是我爸爸工作忙，说好了回来的日子却往后一个劲儿地拖。葡萄都熟了，熟透的葡萄一个劲儿地往下掉，我爸爸还没有回来。我妈妈说，赶紧把葡萄摘下来，送邻居吃吧，要不都掉到地上烂了，多可惜呀！我不让摘，说什么也得等我爸爸回来。要不我不是白养了这快一年的葡萄了？

我说：你看看，你说得多好呀！这两件事，一件是刮大风，把那么多的葡萄花吹落了，你担心葡萄还能不能结出来；一件是葡萄熟了，爸爸还没回来，你说死说活也不让母亲摘葡萄。多生动呀！就是让我编，都编不出来这么生动。我希望你能把你的这篇作文再改改，把这两件事情加进去，好不好？这样，你的这篇作文，就更好了。

她听了我的意见后，有点儿为难，脸上露出了不大愿意再改的意思。我问她：你是觉得不好改，还是不愿意改？

她有点儿不好意思，忙说：就是要改的地方太多了，不知道怎么改！

我说：说多也不多，其实，要改的地方，就是我刚才对你说的那两件事。这两件事，你自己亲身经历过，最清楚，按照你刚才跟我说的，把它们加上去，不就行了吗？

她笑了：怕改不好！

只要是改了，就肯定比不改好！最后，我对她这样说。

她进行了第二次修改，添加上这样两件事。尽管写得很简单，内容也丰富而且生动多了。我表扬了她，对她说：改得很不错了，我只提一点儿小小的疑问啊，你父亲回到家，是什么时候？白天还是晚上？你给你父亲摘葡萄，你那时么小，够得着葡萄架上的葡萄吗？

她笑了，对我说：还用写那么细呀？我爸爸回来那天，是晚上，我都睡着了，听见他和我妈妈的说话声，立刻就醒了，一骨碌从床上跳起来，叫着让我爸爸抱着我到葡萄架下，给他摘下了葡萄。

我对她说：如果你能把这一点再补充进去，结尾就更漂亮了！

她做了最后的修改，是第三次修改。

好作文是不断修改出来的。一遍遍，不厌其烦地修改，肯定可以让自己的作文进步。你信不信？

一遍遍地修改，就是一遍遍在作文中找出问题，然后，对自己提出怎么去修改问题。找出问题，提出问题，才能找到修改的方向，一步步把问题解决掉。这是一步步把作文写得有进步的关键。在这篇作文修改的过程中，是我帮助她提出了问题，然后由她一步步地解决问题。写作经验不足或基础弱的同学，需要老师的帮助，但最终还是需要自己发现问题—提出问题—解决问题。这是作文修改必备的"三级跳"，是作文提高的重要环节。发现问题，提出问题，解决问题，就像爬山，不断向上攀登，"会当凌绝顶，一览众山小"，其中有艰苦，也有乐趣。

七

挑战修改名家的文章

没有什么文章是不需要修改的，或者说是不能修改的。即使是有名作家的文章，也是如此。

带领孩子修改作家的文章，是孩子们特别爱做的事。给作家的文章挑挑毛病，颇有些挑战权威的感觉，会让孩子们跃跃欲试，充满好奇，更充满干劲。因为以前都是老师家长这些大人给自己的文章挑毛病，现在，风水轮流转，轮到自己可以给大人挑毛病了，而且是名家，自然会让孩子有新鲜感和好胜心。

这样的修改过程，带有一定的游戏色彩，会让孩子产生兴趣，更能调动起孩子的主观能动性；挑出人家的毛病，便容易触类旁通，在自己的作文写作中，看到类似问题的存在。这样异地作战一来一往，比老师家长直接指出孩子的问题，往往会更有收效，起到事半功倍的效果。这就像体操跳马运动中，必须要借助的那块跳板一样，可以帮助孩子由此及彼跳跃得更高，更有成效。

我把这样修改作家的文章,当作孩子学习写作的一种辅助训练。这样的训练,最好是在一群孩子中间进行,大家互相讨论,气氛热闹,彼此激发,从中受益。

我曾经拿诗人金波和李南的各一首短诗,作为试验,让孩子们讨论,看看哪里可以修改,怎么修改?

先看李南的诗,题目叫作《呼唤》——

在一个繁花闪现的早晨,我听见
不远处一个清脆的童声
他喊——"妈妈!"

几个行路的女人,和我一样
微笑着回过头来
她们都认为这鲜嫩的呼唤
和自己有关

这是青草呼唤春天的时候
孩子,如果你的呼唤没有回答
就把我眼中的灯盏取走
把我心中的温暖也取走

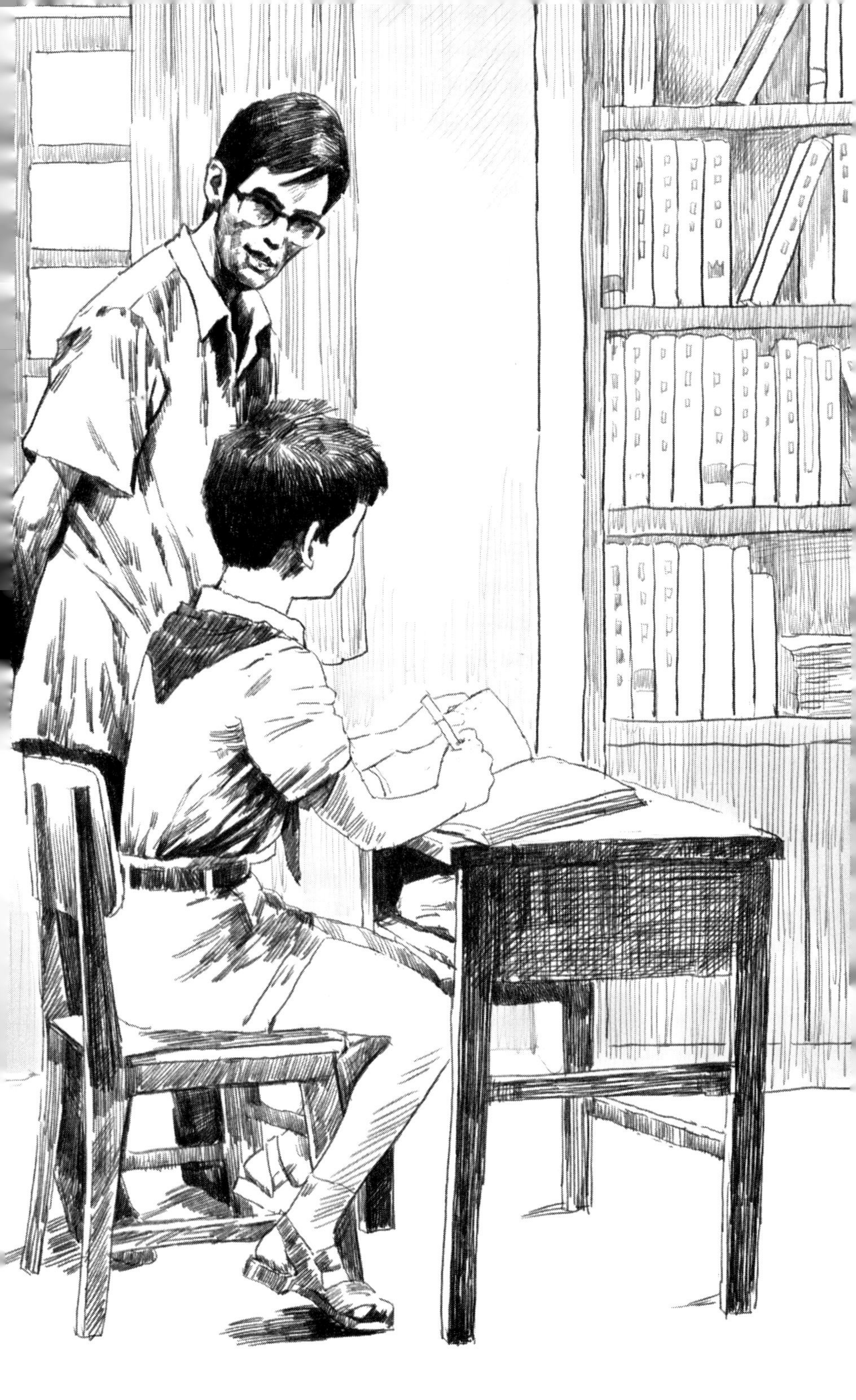

这首诗捕捉到生活里最动人的那一瞬间，对孩子的真挚的爱，是妈妈们共有的。这样的感情，孩子最能体会得到，便都觉得写得好，很感人。

我问他们：你们觉得哪里可以修改呢？他们一时答不上来。

我换一种方式问：你们觉得哪里写得最好？

他们纷纷说：那个孩子叫妈妈的时候，好多个行路的女人都回过头来了，这里最好！

我问：为什么这里最好？

因为她们都以为这叫妈妈的声音，是叫她们自己呢！孩子一边回答，一边笑出声。

孩子们的回答很对，这就是诗里面写到的："她们都认为这鲜嫩的呼唤／和自己有关"。

然后，我把这句诗又读了一遍，问他们：如果不写这一句，你们明白不明白"几个行路的女人，和我一样／微笑着回过头来"的意思？

几乎异口同声地回答：明白！

我接着问：既然都明白，为什么还要把"这鲜嫩的呼唤／自己有关"写出来呢？

聪明的孩子们立刻明白了，纷纷说：这句话可以删掉！

对！大家都明白，还要说出来，文章就容易写得直白，就不含蓄了，就少了让人回味的意蕴了。你们说对不对？

对！孩子们再一次异口同声地回答。他们多少明白了文章该在哪里进行修改了。

接着，我和孩子们对诗的最后一段进行了讨论。这一段，对孩子而言有些隔膜，其中"青草"与"灯盏"形象的比喻，以及"温暖"抽象的意义，他们没有能完全看懂。便都说删掉最好，在"几个行路的女人，和我一样微笑着回过头来"这里收尾，已经很好了！

孩子们的意见是有道理的。最后这一段，是诗人忍不住的自我抒情。缺少必要的节制，便容易把诗写满。好诗，应该更讲究以少胜多，讲究适可而止，讲究含蓄。

再来看金波的诗，金波是一位写作儿童诗多年的老诗人，我非常喜欢他的诗。我找来的这首诗名字叫作《黑蚂蚁》——

  小小的黑蚂蚁，
  为什么往树上爬？
  你又不是鸟，
  树上也没你的家。

  黑蚂蚁紧紧贴着大树，
  一动也不动，

静静地听,静静地听,
它在谛听大树的心跳。

一个是大树,
一个是蚂蚁,
一个很高,
一个很小,
但最亲近的声音,
莫过于听见了心跳。

  这首诗写得非常有童趣,孩子们一下就能接受,觉得好玩。我问他们为什么觉得好玩,他们有人说大树那么大,蚂蚁那么小,对比得有意思,好玩。有人说,大树那么高,蚂蚁那么小,树上面又没有蚂蚁的家,为什么还非往树上爬,能爬到树顶上面吗?所以,好玩!还有人说,蚂蚁最好能爬到树上去,爬到小鸟的家里,和小鸟见面,这样就更好玩了!
  孩子们说得非常有意思,一首短短的诗,能让孩子们有这样多的联想,觉得好玩,说明这首诗写得确实不错。
  只是,对于大树和蚂蚁听见了彼此的心跳这一点,也就是这首诗意义升华的点睛之笔,孩子们都没有提及。我问他们这一句写得怎么样,他们坚持认为,还是让蚂蚁爬到树顶,爬到小鸟的家，和小鸟见面，更有意思。如果让他们改，他们会把这句点睛之笔删掉，改成自己想象的这样。

当然，这会是和原诗意思不同的另一首诗了。但是，这样肆意地修改，对于孩子们来说，不仅不是没有价值的，而且，会是挺有意思的呢。

不管是不是改得真正恰当如意，面对这些名家的文章，孩子们一起讨论，乃至争论，会增添修改的兴趣和乐趣，自然也会在这样快乐的氛围中，潜移默化地学习到修改文章的一些方法。修改作文，便不是什么麻烦的事情，而会是一件好玩的事情了。